国際エコノミスト
今井澂
Imai
Kiyoshi

2024年 世界マネーの大転換

フォレスト出版

はじめに

世界経済の潮流がダイナミックに変わろうとするなか、日本が久々に脚光を浴びています。

多くの欧米メディアは日本こそが新冷戦時代における中国のオルタナティブ（代替）であるとの論調を展開、著名投資家のウォーレン・バフェット氏が日本株を投資先第2位と明言したのを契機に、海外マネーが日本を見直し始めています。

するとご存じのとおり、長年ひどい低水準に甘んじてきた日経平均株価は2023年6月に、33年ぶりにバブル期以来の高値をつけたのです。

私は、こうした日本重視の扱いは決して偶然ではないと捉えている一人です。

世界の投資家の視線は〝冷酷〟そのもの。その根底に宿るのは徹底的にシンプルな足し算と引き算。つまり、ソロバン勘定にほかなりません。

いまなぜ日本がそうした冷酷無比な世界の投資家たちのお眼鏡に適い、世界のひのき舞台に押し上げられているのか。

その要因をさまざまなアングルから浮き彫りにするため、今回は私の尊敬する碩学《せきがく》たちに自説を展開していただいた。

彼らとの、とことん掘り下げた議論を皆さんにお伝えしたいと思う次第です。

令和5年初秋

今井　澂

目次

※本書で示した意見によって読者に生じた損害及び逸失利益について、著者、発行者、発行所はいかなる責任も負いません。投資の決定はご自身の判断でなさるようお願いいたします。

第1章

世界マネーの覇権を握る国はどこか？

一時期、ＧＤＰで中国が米国を凌駕するときが到来するという言説がまことしやかに拡散しました。各国のシンクタンクもほぼ同調していました。ところが、中国政府が強引なゼロコロナ政策を取り始めた頃から、そうした予測は過大評価で誤りであったとする発表が次々になされ始めたのでした。ようやく中国の実状がいわゆる「騎虎の勢い」であったのに気付いたのかもしれません。

本文にも記しましたが、現在の中国経済は米国をキャッチアップするどころの騒ぎではないのです。かねてより私が主張してきたのは、中国の不動産バブル崩壊は本格化しており、きわめて深刻な状況を呈していることです。銀行、デベロッパー、ローンを組んだ庶民を巻き込んで、今後は壊滅的な結果が待ち受けているのだと、私は予測しています。

「人民元を世界の基軸通貨へ」とする中国の野望などとっくに吹き飛んでしまった。そう考えるのが自然なのです

米中新冷戦と日本の立ち位置

米中の覇権争いが激化する中、それでも米ドルが基軸通貨であり続けるはずです。その理由から本書の主題へと踏み込んでいきましょう。米ドルが基軸通貨である理由は、大づかみに言って二つあります。

①国際通貨として貿易、金融取引に世界中で使われ、信任と利便性を備えている
②通貨が国際的な決済業務を担っている

決済業務とは、具体的にはこういうことです。

例えばA国とB国とで輸出と輸入がなされているとしましょう。それは日によってはA国の輸出が少なく、輸入が多い場合、A国が赤字となることもあります。そうした毎日生じる金額のデコボコを調整するのがニューヨーク連銀で、赤字の場合はそれを埋め、黒字の場合は預かるなどの決済業務を24時間、365日無休で行っています。

しかし、シェア98%は米国なので、米国の独壇場といってもいいでしょう。**世界でこれを行っているのは米国と英国のロンドンだけです。**

1999年にユーロが誕生したとき、これをするのではないかと思ったのですが、結局できなかった。

私自身、かつては銀行に身を置いて、米国債の売買をやりましたが、米国市場ほど便利な市場はないと実感しました。ですから、この決済機能がある限り、米国のドルは基軸通貨であり続けると断言していいと思います。

▼半導体を巡る覇権の推移

現在の覇権争いについて、中国が虎視眈々《こしたんたん》と狙っているとはいえ、米国は先端半導体分野で中国への輸出を徹底的に規制し、ブロック化を鮮明にしています。

2021年の国・地域別（本社所在地）半導体売上高シェア

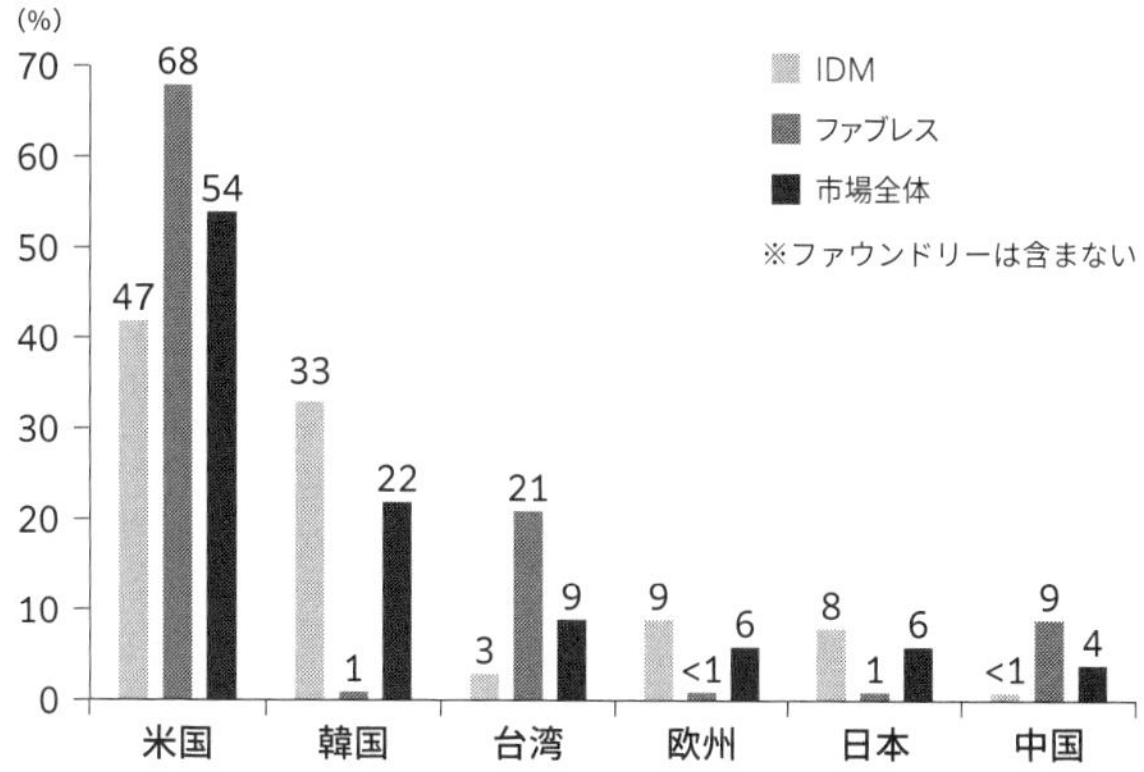

出典：IC Insights

日本も先端半導体や製造装置の対中輸出は事実上、できなくなりました。具体的には露光装置、洗浄装置などです。

あるエコノミストが**半導体の存在は、21世紀の原油**だと説明していましたが、うまいことを言ったものだと思います。つまり、米国は21世紀でいちばん大事な半導体で中国を締め上げ、とどめを刺そうとしているわけです。これがなければ、とりわけ先端的な製品がつくれません。お手上げなのです。

かつての日本は半導体王国でした。

1980年代の終わり、日本は世界の半導体シェアの70~80%を維持しており、独り勝ちの状態でした。いまの日本の立場を考えると、信じられないことですが。

このときに米国が何をしたかというと、日本にまず特許を全部公開しろと命じてきた。それから、日本の国内に半導体製造工場をつくってはならないと、半導体部門における日本の優位性の封じ込めにかかったわけでした。**こうした米側の信じ難い圧力があったことから、その後の韓国のサムスン、台湾の台湾積体電路製造（TSMC）の台頭を許すことになりました。**

さらに日本は不運に見舞われました。

1990年代前半のバブル崩壊により、半導体を手掛ける日本企業が資金難となり、日本全体で毎年数兆円の研究開発費をコンスタントにかけられなくなったのです。その段階から日本は世界最先端から徐々に後れをとっていきました。

実際にTSMCは最新の3ナノ品（回路線幅3ナノメートル半導体）製造工場に平気で5兆円を投じており、このレベルの予算を毎年投じないと、世界最先端の開発競争の勝者にはなれません。

米中新冷戦本格化の時代の日米関係

ところが、**米中新冷戦本格化の時代となると、米国の日本に対する扱いが180度変わってきました。**その裏側に横たわっているのは、欧州のリーダーたちの振る舞いに対する米国の〝疑念〟だと私は思っています。

ドイツのショルツ首相は、ある日突然、中国をコテンパンに叩いたと思ったら、翌日中国に行ってそれを全部否定するという浅はかなことをやらかしています。呆れたバイデン大統領は、ショルツとは音信不通ということです。

フランスのマクロン大統領はウクライナへの軍事支援があまりにも貧弱で、米国は疑念を呈しているようです。仏製戦車「ルクレール」を供与するような発言も聞かれましたが、実際には数々の条件付きです。4月上旬にフランス財界人と共に訪中したマクロンは習近平と二人きりで会って、フランス政府が株主となっているエアバスの航空機160機を受注するなど、かつてのドイツのような役割を果たしています。

英国は米国に対して実に忠実にやってはいるのだけれど、悲しいかな、自国の経済がふるわないことから、何も役に立てない。だから、今回のウクライナ紛争において、米国に寄り添って動いている同盟国は日本しかないわけです。

ということで、今年1月の岸田バイデン会談において、日本はこれまでになく米国側から大事にされています。間違いなく日本の地位が上がっていると感じたのは、現在熊本で建設中のTSMCの熊本第1工場（2024年末稼働）に続いて、同等規模以上の第2工場の建設が米国の後押しで本決まりになったことです。

それにしても大きな違いです。以前は日本の国内に半導体製造工場をつくるなと命じた米国が、TSMCに1兆円規模の追加工場建設を働きかけてくれたわけですから。

かねてより私は、**今回の新冷戦で、「漁夫の利を得るのは日本だ」**と言い続けてきたのですが、それが現実になってきているということでしょう。

米国経済とドル覇権のゆくえ

それでは米国の経済のほうはどうなるのでしょうか。

これはドル覇権の維持とも関係があります。

米連邦準備制度理事会（FRB）は2023年3月の米連邦公開市場委員会（FOMC）で、0・25％の政策金利の引き上げを決めました。政策金利であるFF金利の誘導目標は4・75～5・0％となりました。

実体経済のほうでいうと、2023年の第2四半期はどうもリセッション（景気後退局面）ではないとはいえ、ほとんどゼロに近いか、ひょっとすると瞬間マイナスになったかもしれません。

けれども、おそらく第4四半期以降から今度は逆に金利の引き下げに入るのでしょう。なぜなら、2024年の11月には大統領選挙が待ち受けているからです。大統領選挙が行われる年には景気を良くしなければならず、金利引き下げが常套です。

FRBは2024年の第4四半期から翌年の第1四半期にかけては間違いなく金利引き下げに入ります。ただし、当然ながら米国経済は巨大な経済ですから、景気を良くするには半年はかかります。だから、その下準備は不可欠なのです。

中国が米国の虎の尾を踏む日

国と国との間では、毎日24時間、切れ目なく膨大な取引が発生しています。そこで各国が輸出超過、輸入超過などで資金難に陥らないように決済サービスなどを提供するのがニューヨーク連銀なのです。

冒頭で述べたとおり、この決済機能はロンドンでも行われているものの、シェア98％はニューヨーク連銀が占めているといわれています。

このことがまさに**ドルが覇権通貨として君臨する大きな要因**でもあります。

このドル一強体制をなんとか変えようと画策しているのが中国の人民元です。例えば、ロシアの輸入決済における人民元のシェアは２０２２年末時点で23％、輸出決済においては16％に上昇しています。

これには理由がありました。ロシアのウクライナへの侵攻以降、ドル、ユーロなど主要通貨での国際銀行間決済をほぼ牛耳っているSWIFT《スイフト》（国際銀行間通信協会・本部ベルギー）からロシアの大手銀行が〝排除〟されたからでした。

ペトロダラーに揺さぶりをかける人民元

そこで存在感を増したのが、SWIFTに対抗する目的で2015年にスタートした中国版国際的銀行間決済システムのCIPS《シップス》（人民幣跨境支付系統＝人民元国際決済システム、Cross-Border Interbank Payment System）。ロシアはCIPSに乗り換えたのです。ロシアの貿易決済で人民元のシェアが急伸したのも肯けます。

中国の振る舞いはそれに留まらず、イラン、ベネズエラ、ブラジル、アフリカ諸国から人民元建てでエネルギー、食料輸入を増やし、米国を苛立たせています。

そして2022年12月、決定的な出来事が起きました。

サウジアラビアを訪れた習近平国家主席がアラブの主要産油国で組織される湾岸協力会議（GCC）に招かれた際、**人民元による石油取引**を促したのです。

GCC側の反応はどうだったのか。

なんと「取引はペトロダラー（ドル建て決済によるオイルマネー）だけではない」と、**1973年から続いてきた「ドルによる支払い」という不文律（ペトロダラー制）の〝変更〟を示唆**したのです。

今年1月に開催されたダボス会議においても、引き続きそのテーマで関係国が話し合いの場を持ち、石油取引に人民元の使用を容認する方向にあると報じられました。サウジアラビアのジャドアーン財務相は「ドル以外の決済に関する話し合いにオープンに臨みたい」という言葉を残しており、〝**ペトロユアン（石油人民元）**〟の誕生はいよいよ現実味を帯びてきました。

サウジアラビア側にも事情がありました。それは米国がシェールオイルの増産によりサウジを上回る世界最大の産油国に駆け上がったことで、サウジの原油販売の最大の得意先が中国に代わり、同時に米国の存在感が低下したのです。

ここまで記してきたように、中国が基軸通貨を目指してドル覇権に揺さぶりをかけてきたことで、米中冷戦はさらに深刻度を増すと思われます。言葉を換えるならば、米国が拳を上げる時期がすでに始まっているのです。

基軸通貨を維持するために持つ最強の軍備

ここで私が言いたいのは、「国際通貨に手を付けた国は必ず米国に潰される」ということです。**覇権と米ドルというのは〝表裏一体〟**なのです。それを維持するために大統領を動かしているのは米国の軍産複合体であり、米国の石油メジャーなのです。シンプルな言い方をすると、そこが世界の覇権を押さえているわけです。

米国は1974年、オイルショックの震源地となった産油国のサウジアラビアとの石油取引をドルだけで決済する「ペトロダラー」体制を確立することで、ドル覇権をより強固なものにしました。

サウジは石油を売って獲得したドルを米国債に投資。加えて、米国の兵器を購入してきました。米国はサウジに安全保障を提供すると同時に、オイルマネーを〝回収〟してきたのです。

知ってのとおり、米国は常時世界のどこかで戦争に絡んでいることから、慢性的に巨額の財政赤字を抱えており、企業にあてはめるなら、とっくに何度も倒産している財政状況なのです。

ところが、米国はなぜ倒産を免れているのでしょうか。そのカラクリは、ドルという自国通貨が世界の基軸通貨であるからです。

したがって、基軸通貨ドルを脅かす他国通貨が出現する場合には、世界最強の軍事力を用いて相手を苦境に落とし込めることになります。米国が比類なき軍事力を備えているのはそのためといっていいでしょう。

米国のドル覇権に歯向かった者の末路

かつてペトロダラーに歯向かった勇敢な(?)、いや向こう見ずなリーダーがいました。中東の産油国イラクのサダム・フセイン大統領でした。

2000年、ちょうど欧州連合の統一通貨「ユーロ」が誕生して1年が過ぎようとしたとき、フランスのシラク大統領はフセイン大統領に「石油の支払いをユーロに換えないか」と持ちかけました。

シラク大統領としては、せっかく苦労に苦労を重ねて、欧州はユーロという決済手段を落手したのだから、ＥＵとイラクの貿易の決済はユーロでしようと提案したのです。米国に敵意を抱くフセイン大統領はシラク大統領の提案を受諾、イラクの原油決済を、ドルからユーロに切り替えました。

ご存じのとおり、それから後のイラクとフセイン大統領が見舞われた悲劇は壮絶をきわめました。

フセイン大統領のように、中国ならびに習近平が米国の虎の尾を踏む日は案外近い。

私はこう確信しています。

人民元が絶対に基軸通貨になれない理由

未来永劫にドルが基軸通貨として通用するかどうかはわかりません。ただ、ドルが基軸性を失効してきたときに、そのオルタナティブ、代替通貨はあるのでしょうか。基軸通貨になるために必要な要素を先に取り上げました。それは通貨として信用され、世界中どこでも使えることと、決済機能を有していることを挙げました。

さらに深い考察をしている人物が、本書にも登場されるエコノミストのエミン・ユルマズさんです。彼は基軸通貨について、こう持論を展開しています。

「基軸通貨になるということは、世界各国が基軸通貨国が抱える借金を買うことを意味します。どういうことかというと、基軸通貨になるには、資金移動が自由にできなければならない。そして、自国の資産もしくは借金を自国以外の外国人が持っている状態にならなければいけない。ここでまず人民元はアウトになってしまう」

「基軸通貨国の米国は、世界各国に対して膨大な貿易赤字を出しています。その代わりに世界中の人たちがドルを手に入れて、米国の資産を買っています。それは債券であれ、株であれ、不動産であれ何でも自由に所有することができます」

「では、中国が人民元を基軸通貨にしようと思った場合、それを許すでしょうか。中国の資産、資金を外国人が持っていることにオープンな姿勢を示すことが可能でしょうか。中国はそれを極端に嫌がり、米国の姿勢とは全然違います」

「中国には国内の富裕層がお金を海外に持ち出すことにさえ厳しい資本規制が敷かれています。当然ながら、外国人が中国の資産を持ったり、大量に中国の債券を買うことを快く思ってはいません。よって、人民元は世界の基軸通貨にはなれません」

それではドルの基軸性が怪しくなってきたとき、そのオルタナティブは出てくるの

でしょうか？　その問いに対して、エミンさんはこんな答えを用意していました。

「もちろん人民元ではありません。もしオルタナティブがあるとすれば、それはいつか自由主義陣営で**新たなデジタル通貨**をつくり上げる。そのときではないでしょうか。日米欧で創設するのです。それがいつかドルに取って代わるかもしれません。ドルのシステムが崩壊しかけたときに」

とにかくドルは刷られ過ぎました。

どれだけドルの価値が棄損されたのかご存じでしょうか？『金融暴落！グレートリセットに備えよ』（岩永憲治著・集英社刊）にこんな記述があります。

「ニクソン・ショック以前はゴールドとドルの交換が1トロイオンス＝35ドルで保障されていた。割り算をすると『1800ドル÷35ドル≒52・86』となる。すなわちゴールドはニクソン・ショック以降、52・86倍になっているわけだ。ゴールドの裏付けがあったときの1ドル紙幣の実質的価値は52・86分の1。ということは

1・89%の価値でしかない」

しかも、この計算がされた2023年2月15日のゴールドの価値は1トロイオンス＝1850ドル近辺でいまは1900ドルを超えているのです。

ただ、刷られすぎたとはいえ、いまのところはまだドルが強いし、オルタナティブが出てくる気配はありません。エミン説も人民元の弱点をおおいに露わにしているのですが、それよりも何よりも中国の人民元を基軸通貨にするという野望を潰えさせたのは、不動産バブルの崩壊でした。これについては、後でたっぷりと解説します。

米中GDPの逆転が撤回された理由

日本経済研究センターは2022年12月、「中国の名目GDPが米国を逆転しない」との試算を発表しました。同センターは、2020年時点では「2028年に逆転する」、2021年時点では「2033年末に逆転する」と発表していたのに、昨年末には完全にそれを撤回したのです。2035年に至っても米国の87%でしかない、と。

なぜ中国はこのような〝不名誉〟な事態を招いてしまったのでしょうか。ゼロコロナ政策が中国経済に甚《はなは》だしい打撃を与えたこと、人口減少による労働力不足が回避できなくなってきたこと、そして米国との新冷戦に勝ち目がないことが鮮明になってきたことなどが大きな要因として浮上してきました。

要は、いまの体制の足元がガタついているためです。

もう一つ挙げておきたいのは、いま中国で起きている不動産バブルの崩壊を、日本を含めて世界のメディアは軽く見すぎていることです。これまでは住宅購入者の一部の抗議および暴動しか報じられていないため、不動産バブル崩壊がいかに中国社会に深刻な影響を及ぼすかが見えてこないということがあります。

中国の不動産バブルの実態

「週刊東洋経済」2023年2月25日号の連載記事「中国動態――住宅バブル崩壊が地方の庶民を直撃」を引用すると、2022年末時点での中国における住宅ローンの貸出残高は53兆1600億元。日本円に換算すると約1000兆円にも達するといいます。

農村部を除いた都市部の総世帯数は2億4300万。その約43%に当たる1億5000万世帯が住宅ローンを利用しているのです。1世帯の利用金額は約1000万円だそうです。記事の筆者である田中信彦さんによると、日本では返済額の目安は月収の2割になっていますが、中国では月収の半分以上、場合によっては8割ということも。これは厳しいです。別に中国政府が確約したわけではなく、国民が勝手に「これからも不動産価格は上がり続ける」「政府が下落させるはずがない」といういわば〝神話〟にとり憑《つ》かれたのです。

日本でも一時期そうでした。我々が若い頃は、みんな家（不動産）さえ買っていれば大丈夫だとする考えでした。不動産が上がるから買う、買うから価格が上がったのだけれど、そんな都合の良い相場はいつまでも続くわけがなかった。それが最後にバブル崩壊ですっ飛んでしまった。

いまの中国は我々が経験した平成初期のバブル崩壊とまったく同じ状況を呈しているわけです。しかもスケールは日本のバブル崩壊とは比べ物にならないほど巨大です。例えば、2020年における中国の不動産投資総額は約240兆円にも及び、GDPの14％を占めており、どう考えても異常といえます。関連企業を含めると、不動産業はGDPの30％を占めます。

ごく一般のサラリーマンが値上がり期待で、自宅のほかに投資用物件を2軒、3軒と買い求めるのが〝当たり前〟の行動でした。だから先にふれたような月収の8割を住宅ローン返済に回すようなことになってしまうわけです。

中国における一般市民レベルでの住宅セクターへの過剰投資は、物件の供給過剰を促し、各地に買い手がまったくつかない「鬼城（ゴーストタウン）」を生み出しました。2010年あたりからかなり問題視されていたのですが、それでも一般市民の不動産投資熱は冷めることはありませんでした。

破裂しないバブルなどない

角度を変えて中国企業側から見てみましょう。

中国の不動産バブル崩壊の象徴的存在とされているのが、これまで何度もドル建て社債のデフォルトを報じられてきた国内第2位のデベロッパー、恒大集団（エバーグランデ・グループ・本社深圳市）。恒大集団の売上の最盛期は2020年で、日本円で12兆円超。三菱地所や三井不動産の日本勢など足元にも及びません。

恒大集団をはじめとする中国の大手デベロッパーの経営危機が表沙汰となったきっかけは、2020年に中国の中央銀行である中国人民銀行が大手デベロッパーに対して、「3つのデッドライン」を設けたことでした。

①総資産に対する負債比率が7割以下
②自己資本に対する負債比率が100%以下
③短期負債以上のキャッシュを保有

先の恒大集団は①と③に抵触したことから、金融機関の融資の制限を受けることとなり、急速に資金繰りを悪化させていったのです。

当然ながら、頻繁にメディアに取り上げられる恒大集団ばかりが破綻寸前なのではありません。**実質デフォルトに陥っている中国企業が膨大な数に及び、中国の不動産バブルはとっくに破裂していると考えていい。**中国政府は決して認めないでしょうが、歴史が教えてくれているのです。

破裂しないバブルなどないということを。

したがって、先に示した1000兆円にのぼる住宅ローンの貸出残高のなかで、最初に不良債権化するのは、日本のバブル崩壊時に身を置いた私の経験上から勘案すると3割程度、３００兆円程度だと考えます。

しかしながら、現実にそうなってしまうと、ドミノ現象が起きて６００兆円から７００兆円という史上最大の不良資産になるはずなのです。

そうすると、まずは銀行が経営破綻します。そこで不渡りが出てくる。中国人民銀行としては破綻処理と同時に資金調達をしなければなりません。

ところが、中国の国債はもうほとんど買い手がいないのです。外国人が売りまくるなか、その先で中国債を買う人はいません。

そこで人民元が大暴落していくわけです。国として破産状況になったとき、中国共産党の一党独裁が終焉《しゅうえん》を告げることになります。こうした筋道で考えたほうが妥当だと思います。繰り返しますが、もはや人民元は基軸通貨を狙うどころか、下手をすると紙くずになりかねないほどの危機にさらされる運命にあるのです。

第2章

日本はゴールデン・サイクルの景気循環に乗って再び黄金期を迎える

対談 嶋中雄二×今井 澂

ご存じのとおり、景気には必ず「山」と「谷」が存在し、ある周期をもって連綿と循環しています。それは知識としてわきまえてはいるけれど、たいていの人は案外漠然と捉えていて、あまり真剣に考えたことはないかもしれません。

ところが、歴史を克明に辿ってみると、景気循環に各国の経済情勢、国家間の勢力図、ひいては覇権の行方までもが影響を受けてきたのです。言葉を換えて申し上げるならば、世界は景気循環という〝魔物〟に翻弄されてきたともいえます。

今回ご登場いただくのは、景気循環に関して一代の碩学として広く知られている著名エコノミストの嶋中雄二さんです。私如きの及ぶところではないのですが、その嶋中さんと景気循環をテーマに論じ合えるだけで心弾む思いです。

嶋中さんの見立てでは、日本はこれから景気サイクルに恵まれる番なのか、新たな難儀に直面する番なのでしょうか。

景気循環論のルーツはシュンペーター

今井：嶋中雄二さんは景気循環に関するプロフェッショナルで、私如きの及ぶところではありません。私の認識では、景気循環には、①**キッチン・サイクル**（短期）、②**ジュグラー・サイクル**（中期）、③**クズネッツ・サイクル**（長期）、④**コンドラチェフ・サイクル**（超長期）の4つがあり、これら4つのサイクルがすべて上昇局面となるのが**「ゴールデン・サイクル」**と呼ばれるそうですね。

嶋中：実はゴールデン・サイクルは私がつくった〝造語〟なんです。そのルーツは経済学者のヨーゼフ・シュンペーターにまで遡ります。1930年代に世界が大恐慌を迎えたのは、短期のキッチン・サイクル（一般には在庫循環と呼ばれ、3～4年周期と考えられているが、今日の統計で戦後日本について見ると、5・4年の周期となっている）、中期のジュグラー・サイクル（9～10年周期の設備投資循環）、超長期のコンドラチェフ・サイクル（長波とも呼ばれ、50～60年周期で、シュンペーターによれば産業革命のような巨大なイノベーションが原因とされているが、コンドラチェフ自身は社会インフラの更新投資によるものと考えた）の3つのサイクルがすべて下降局面だったことによるものだと、彼は示したのです。さらにシュンペーターは、**逆に短期、中期、超長期の循環がすべて上昇をする場合には景気の大きな山が来ると、**1939年に発表した『景気循環論』の中で論じたのです。

シュンペーターが景気循環を短期・中期・長期の3つの要素で捉えていたのに対し、アルヴィン・ハンセンという経済学者は、さらにもう一つの要素である「建設投資循環」を加えました。これは一般にクズネッツ・サイクル（20～30年周期）と言われる長期の景気循環のことです。私は**その4つの循環がすべて上昇局面で重なる状態**をゴールデン・サイクルと名付け、日本経済の分析に使ってきました。

中期の景気循環については、経済学の大先輩となる篠原三代平先生が、戦後の日本経済には10年前後のジュグラー・サイクル、あるいは設備投資循環があると指摘され、

日本が迎える歴史的なゴールデン・サイクル

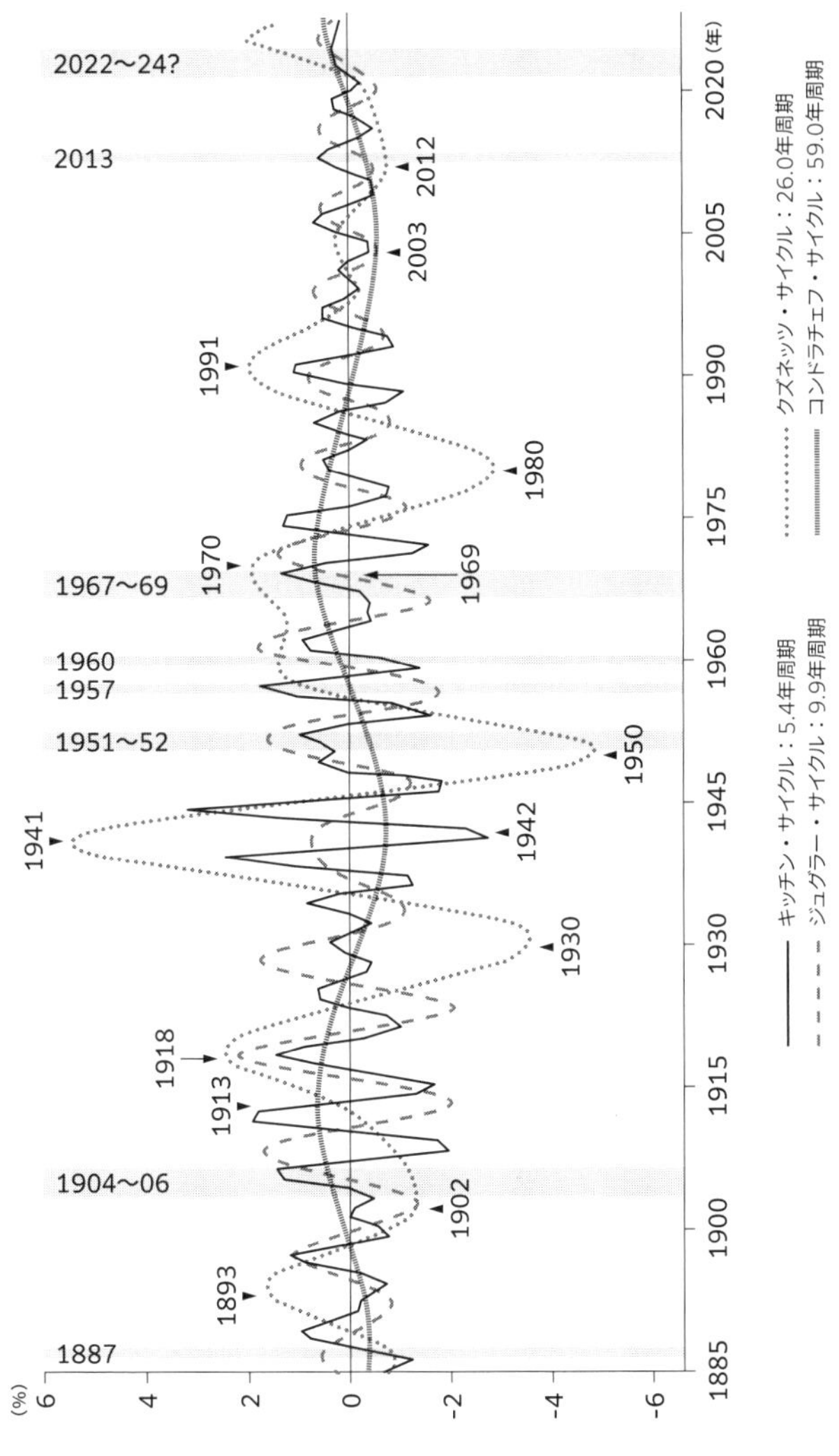

出典：嶋中雄二『これから日本は4つの景気循環がすべて重なる。：ゴールデン・サイクルII』（東洋経済新報社・2013）などを基に岡三証券作成

脚光を浴びました。今日の統計解析手法では9・9年になります。一方、私は景気拡張期間の全体に占める比率を基に、9・5年周期の循環が1951年以降の日本経済にみられることを主張してきました。

43ページのグラフをご覧ください。これは2026年にかけて中期循環の上昇期となり、かつ景気拡張が優勢な時代が到来することを示しています。上のほうに名目設備投資のGDPに対する比率が出ており、これは篠原先生がつくられたグラフを延長したようなものです。ただしこの比率だけだと、近年では中期循環が明確に浮び上がってこないことから、私はこの下の図にあるように、景気拡張期間の全期間に占める比率ということで、4・75年ずつに区切りました。景気拡張期間が長いときは拡張優勢期、景気拡張期間が短いときを拡張劣勢期と考えました。

1951年4~6月期以降の四半期データで、景気の谷の翌月から山までが拡張期間になります。そして、山の翌月から谷までが後退期間になります。その拡張期間の4・75年に占める比率を見ていくと、拡張劣勢の後は拡張優勢となり、拡張優勢の後は拡張劣勢にという具合に、順序よく周期的に繰り返していることがわかります。

中期の景気循環と中期・長期・超長期の景気拡張

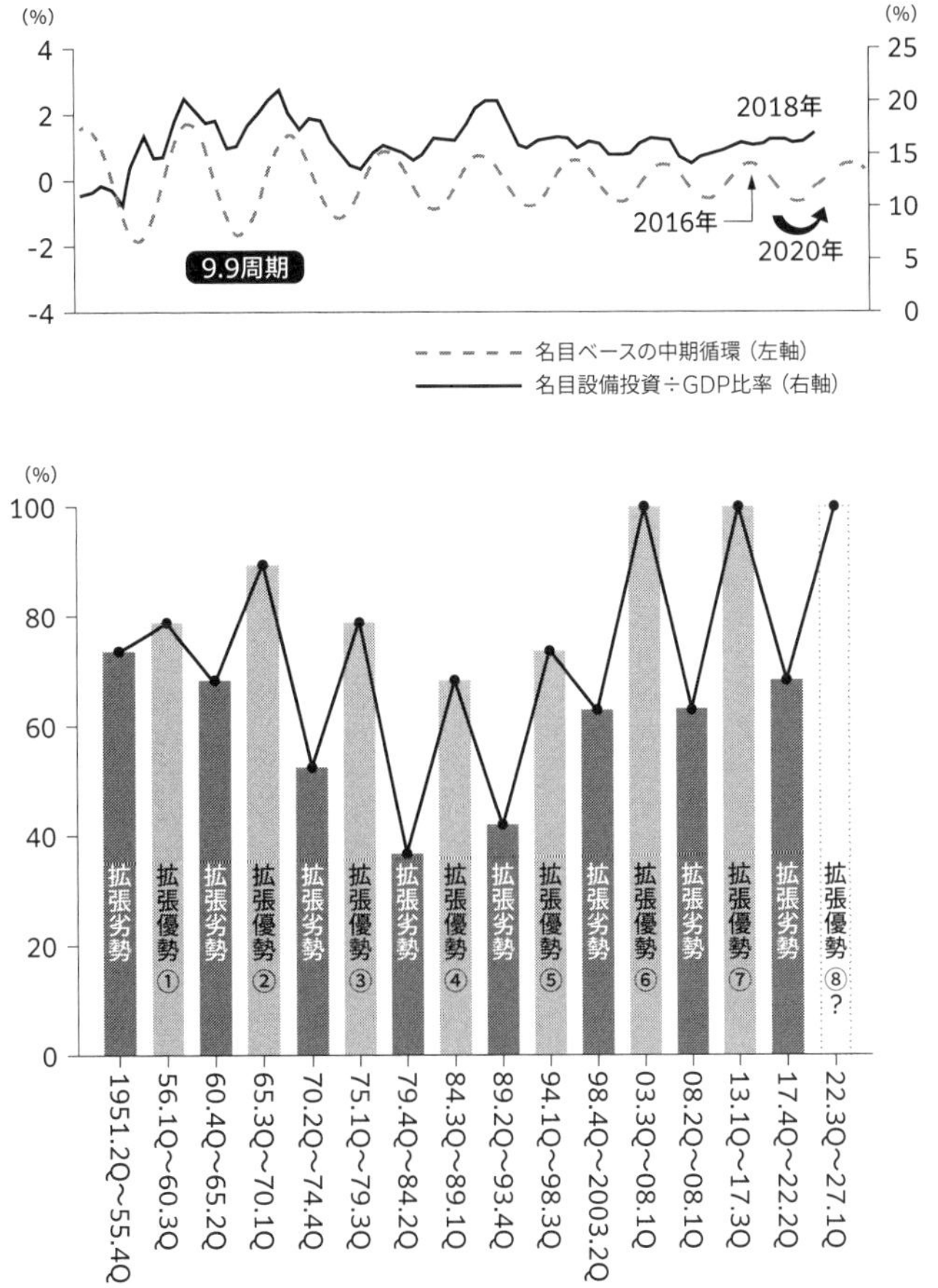

出典：嶋中雄二・鹿野達史「新ゴールデン・サイクル論」
『景気とサイクル』（2022年11月）景気循環学会

今井：拡張優勢期について語ってもよろしいでしょうか。1956年から1960年がちょうど**神武景気**、**岩戸景気**に当たっています。それが第1波の中期循環だったんですね。要は、これで日本の高度成長が始まった。そして、第2波が、1965（昭和40）年の不況の後、1970年までの**いざなぎ景気**に当たります。そして拡張優勢期の第3波が、1975年の第1次石油ショックの直後の不況期を底にして1979年まで、つまりイラン革命が起こるまで続いた。

嶋中：これが戦後の3つの中期的な上昇局面、あるいは拡張優勢期ということになります。

今井：さらに、第4拡張優勢局面は、1984年から1989年までで、これは**バブルの時期**に当たっているわけですね。そして第5波が、1994年から1998年まででした。

嶋中：1998年というと、金融危機が起きているので、景気は悪いのではないかと考える人が多いのですが、1994年から1998年の4・75年をとると、景気拡張期間が相対的に長い時期になっています。次の第6波が2002年から2008年のリーマン・ショックまでの**いざなみ景気**があった時期なんですね。

いざなみ景気においては、戦後最長の73カ月の景気拡張期を続けました。

そして第7波が2013年から2017年までで、黒田日銀による異次元緩和を筆頭とした3本の矢でアベノミクスが盛大に行われた時期でもあります。アベノミクス景気は2018年の10月までで途切れたんですけれども、71カ月という戦後2番目の景気拡張期間を記録しており、なかなか頑張っていたと私は評価しています。

今井：そして、第8波が現在中期的に起こり始めているのではないかというのが、嶋中さんの見立てなのですよね。

クズネッツ・サイクルの上昇期に当たった平成バブル景気

嶋中：その期間は22年から27年までです。4・75年の新たな中期的な拡張優勢局面になろうとしています。その裏には半導体やロボット、生成ＡＩ（人工知能）、ＩＴ関連事業、さらにはＤＸ、その他再生可能エネルギーであるＳＤＧｓなどに関わる設備投資の機会が今後、かなり出てくると思います。かの篠原先生が分析されたような、設備投資のＧＤＰに対する比率も、基本的には上がってくる時期に当たります。

これが、私が考えている今後の中期の局面です。

それから中期のみならず、建設投資循環（クズネッツ・サイクル）と言われている26年周期の循環があります。47ページの上図にある長期循環の拡張期間比率の推移を見ていただくとわかるのですが、１９０３年から１９１８年つまり、日露戦争直前から第1次世界大戦終了までが景気拡張期間の長かった第1波になります。その後、１９１９年からいわゆる反動不況が始まり、１９２７年の金融恐慌、１９３０年の昭和恐慌と暗い時代を迎えました。１９３１年になると満州事変が起き、太平洋戦争開始の１９４１年にかけての時代は上昇局面にあったということになります。

そして１９４２年から１９５０年までは、下降局面ということになります。１９５１年にサンフランシスコ講和条約が締結されて、日本は再び独立国となりました。そこから１９６９年まで、ベトナム戦争期とも重なりますが、ちょうど日本

長期循環の景気拡張期間比率の推移

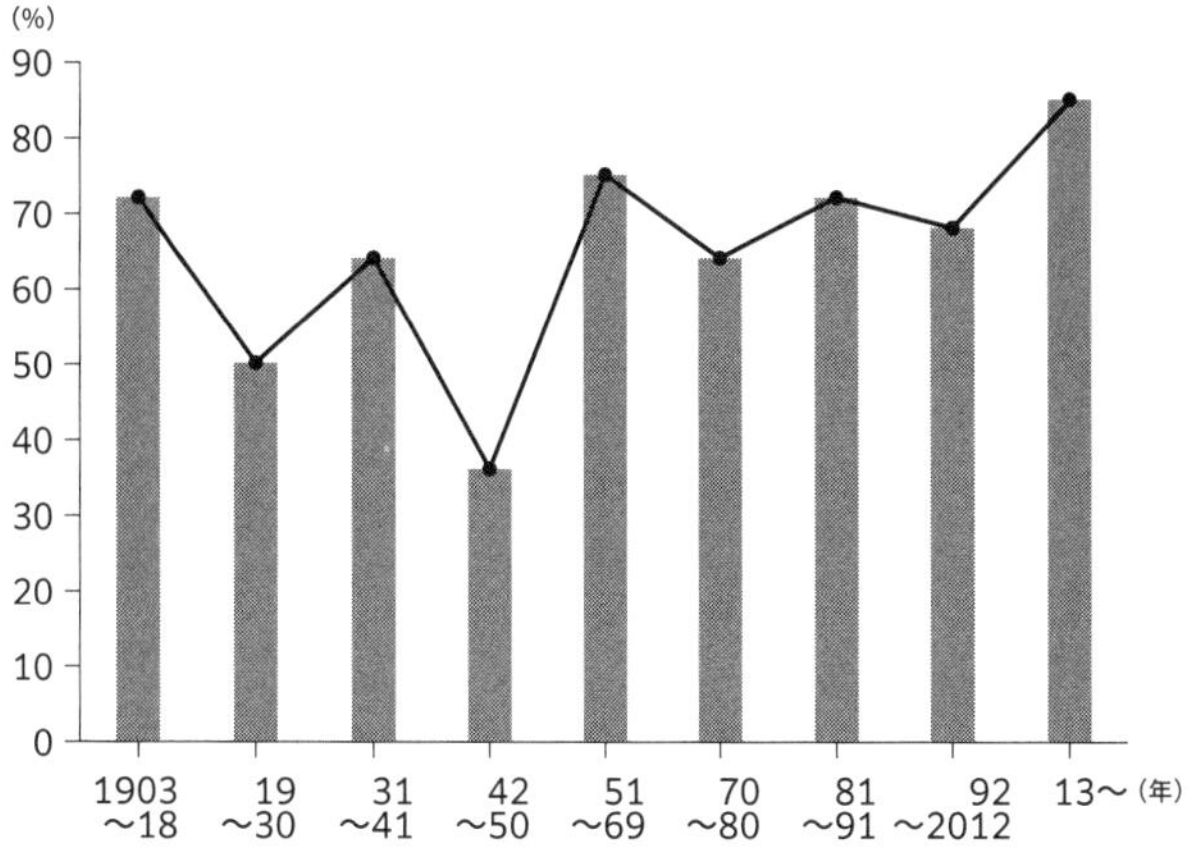

超長期循環の景気拡張期間比率の推移

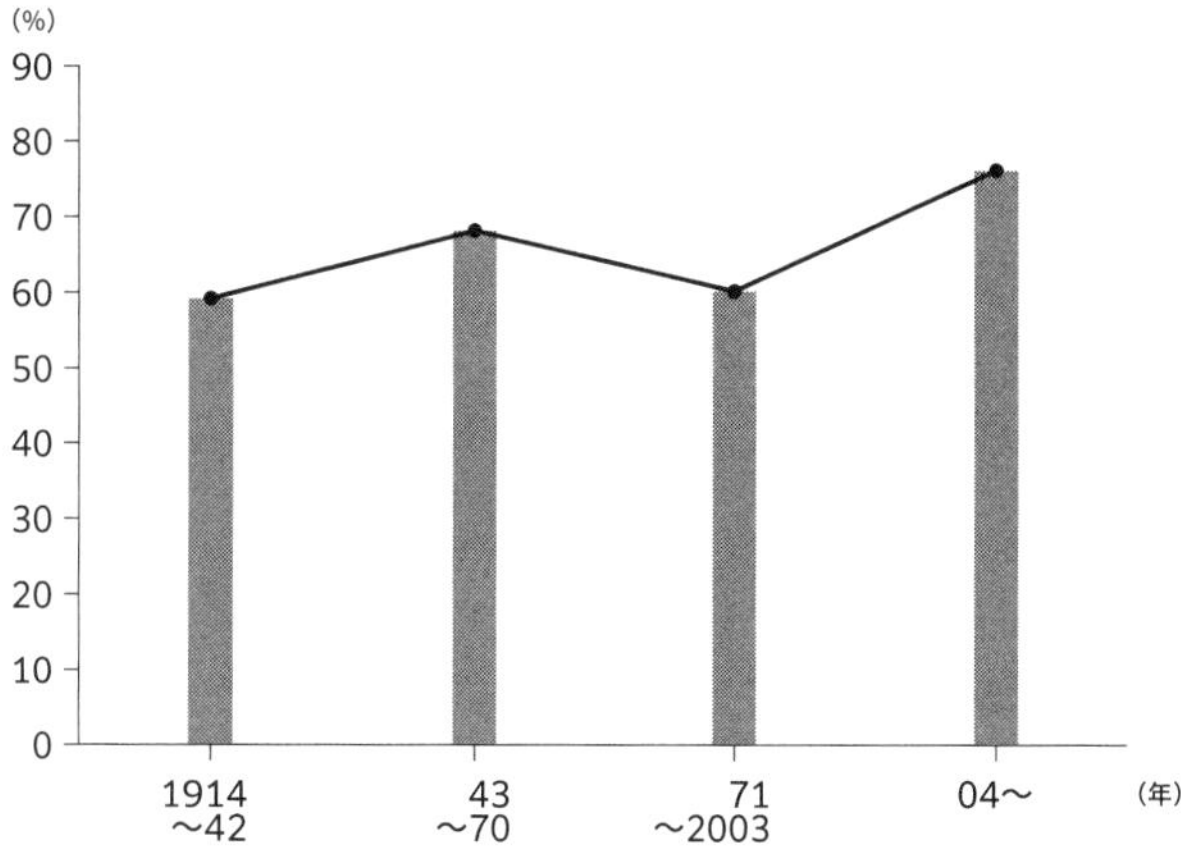

出典：新ゴールデンサイクル論

はいざなぎ景気の最中で、重化学工業化に向けて設備投資や建設投資が際立って伸びていた時期でした。

1970年にいざなぎ景気が終わり、日本の成長力もピークアウトが目立ってきました。第1次、第2次のオイルショックに見舞われ、1981年にかけて世界同時不況が始まった。1982年に世界同時不況が終わりを告げると、そこから1990年にかけては言わずと知れたバブル景気の時代で、クズネッツ・サイクルの上昇期に当たりました。

今井：1991年から2012年にかけて、日本はさまざまな危機に直面しましたよね。バブル崩壊、金融危機、東日本大震災と、世の中全体が停滞ムードに覆われてしまった。デフレ一色という深刻な状況でありましたが、2012年末に政権を奪還した安倍晋三氏のアベノミクスにより、2013年から日本経済は長期的な上昇期の傾向を得ることができました。

嶋中：ええ。**これがクズネッツ・サイクルの上昇期の起点とすると、過去の平均周期**

から2025年までは上昇局面が続くと考えられるのです。

このように戦前から戦後にかけての、日本経済を長期的に総括できるような、26年周期の長期循環（クズネッツ・サイクル）が存在し、2013年以降2025年まで上昇期にあると捉えられるのです。先に言及したとおり、中期の循環は現在上昇期、そして長期の循環も上昇期。短期の循環も2021年には底入れして、現在上昇期ではあるのです。

超長期コンドラチェフ・サイクルの周期59年は40～70年の波からバンドパス・フィルターにより抽出したものです。名目設備投資のGDPに対する比率を戦前、実際には1885年、明治時代から抽出しています。

47ページの下図は、超長期循環コンドラチェフ・サイクルの景気拡張期間比率で、こちらは56年ぐらいの非常に長い循環です。これほど長い周期になると、歴史上それほど統計が揃っているわけではありません。1914年から1942年、これは第1次世界大戦から第2次世界大戦、つまり太平洋戦争の間も入っている。これは景気拡張期間比率が低いところ、劣勢なところから出発しているわけです。つまりコンドラチェフ・サイクルの下降期だったということになります。

逆に言うと、その前の1880年代以降は上昇期だったと言えるわけです。その時代に新しい企業が勃興したり、渋沢栄一などによる企業創生の動きが見られました。しかしながら、1914年から1942年というのは、基本的にはコンドラチェフ・サイクルでは弱い時代となります。

今井：その後の1943年、どうしても戦争の時期が半分入ってしまうので中途半端になりますが、1943年から1970年のところまではコンドラチェフ・サイクルでは上昇期、拡張優勢期になっています。そして1971年から1997年まで、ニクソン・ショックから山一証券破綻までということになりますけれども、基本的に景気拡張劣勢期だったことがわかります。

▼これから空前のゴールデン・サイクルを迎える日本経済

嶋中：そして日本のコンドラチェフ・サイクルは、2004年から2032年ぐらいまでが再び上昇期、景気拡張優勢期に入ってきているのです。短期循環も

2021年を大底に上昇し始めており、中期循環、長期循環、超長期循環も含めていずれの循環も現在、上昇期に入っているわけです。したがって、**4つのサイクルがすべて上昇するゴールデン・サイクル**が発生していることになります。

今井：それはいつからなのでしょうか。

嶋中：2022年からすでに始まっているのです。実際には日本の設備投資比率から2022年の7~9月期あたりから上昇しているとみられるジュグラー・サイクル（9・9年周期、中期循環）。2013年のアベノミクスの実施のところ、あるいは黒田異次元緩和の実施のところから上がってきていると思われるクズネッツ・サイクル（26年周期、長期循環）。そして、量的金融緩和政策が軌道に乗ってきた2004年頃から始まってきていると思われるコンドラチェフ・サイクル（59年周期、超長期循環）の上昇局面が見事にすべて重なることになる。

この4つのサイクルが絡んですべてが上昇するゴールデン・サイクルの局面は、2022年、2023年、2024年の3年間です。そう、すでに日本経済は「黄金循環」に突入しているのですが、うまくすればこれから日本は稀に見る僥倖《ぎょうこう》に恵まれる可能性があります。

しかし、2024年までで良い状況が終わってしまうとは考えにくいですね。なぜなら、日本経済は今、同時に私が**「超景気」**と呼んでいる。最も長いコンドラチェフ・サイクル（59年周期）と次に長いクズネッツ・サイクル（26年周期）がともに上昇する時代にも入っており、**その超景気はクズネッツ・サイクルのピークと目される2025年まで続く**とみられるからです。

なお、この超景気は、明治期以降で3回目の**「第3の超景気」**で、過去2回は「坂の上の雲」の時代（1903～1918年）、「ALWAYS 三丁目の夕日」の時代（1951～1969年）であり、いずれも日本経済の歴史的勃興期と呼ばれた時期でした。

この時代に日本では何が起きるのでしょうか。予定されているイベントを考えると、**2025年に開催される大阪関西万博**があります。いま、それに向けて建設活動がきわめて活発になってきています。

今井：本来ならば、2027年の開業を目指しつつあった**JR東海のリニア中央新**

日本が迎える「第3の超景気」

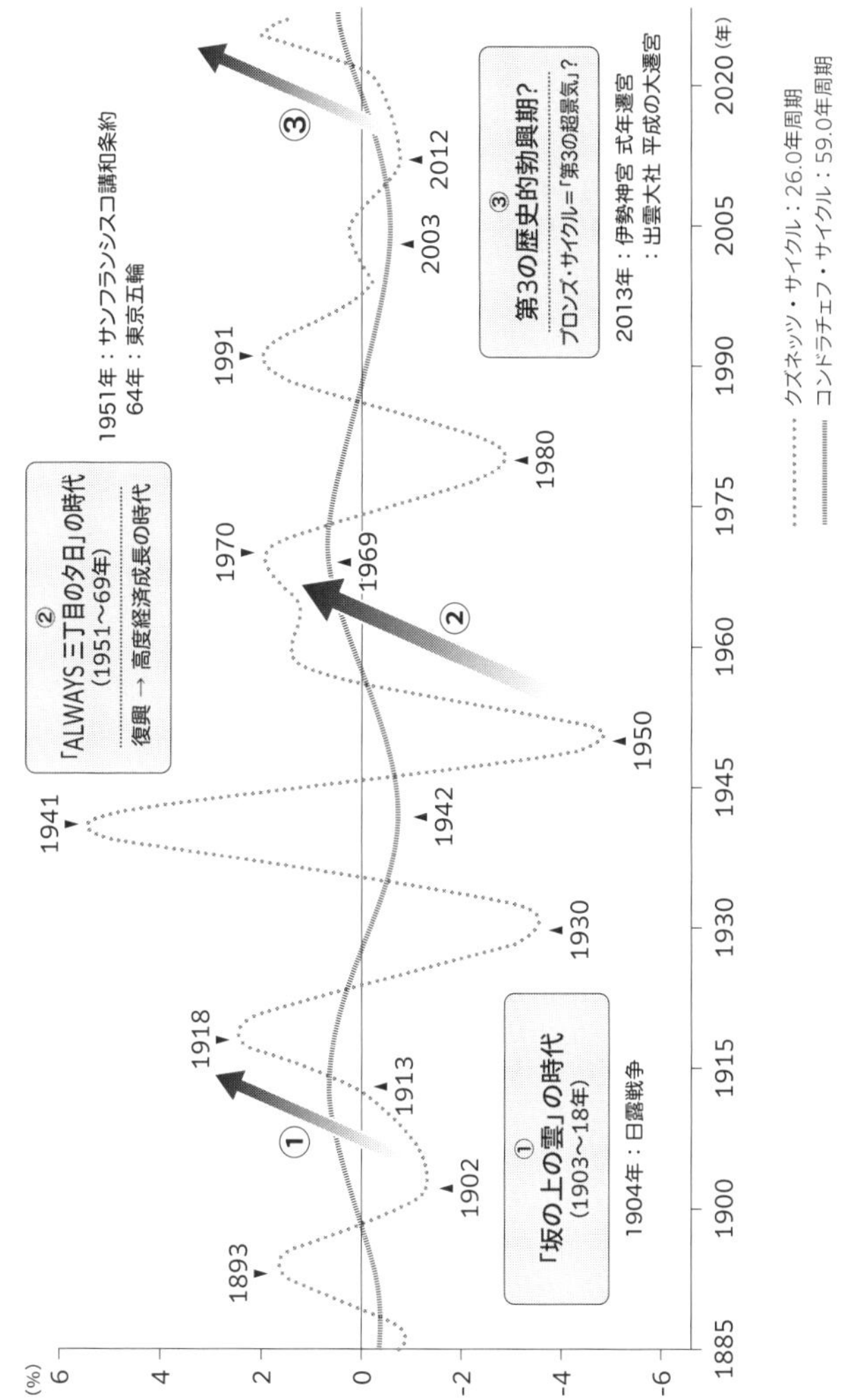

出典：嶋中雄二『第3の超景気』（日本経済新聞出版社・2018）を基に岡三証券作成

幹線がありましたね。これの建設活動もこれからいよいよ佳境を迎えるということになります。

嶋中：そして3年続いたコロナもさすがに終焉となりつつあります。働き方改革もあって、リモートワークも活発になりました。これまでとはちょっと違う生活のあり方にはなったものの、都市の再開発も東京、大阪、名古屋をはじめ盛んに行われています。リニアにしたって、始発駅となる東京・品川駅の近辺も含めて、非常に活況を呈するでしょう。さらには**福井の北陸新幹線開通**など、いろいろと明るい話題が出てきています。

▼コンドラチェフのサイクルでは下降期にある中印

今井：ここまでは日本の景気循環について語ってこられましたが、米国やユーロ圏はいかがでしょうか？　続いて中国とインドについても、サイクル論を土台にこの先どうなるかを導き出していただけませんか。

嶋中：コンドラチェフのサイクルでみると、2037年ぐらいまで米国は上昇期にあります。ユーロ圏は2037年までは下降期にあります。

中国については、現在、下降期の真っ盛りにありまして、ユーロ圏と同様に2041年ぐらいまで下降するでしょう。インドも現在は下降期にあるのですが、2027年ぐらいで底入れするのではないでしょうか。

すでに人口でインドが中国を上回りましたし、勢いからしてもいずれは経済規模で中国がインドの後塵を拝するのではないかとする見方が台頭してきています。

とはいえ、2030年代に中国が米国をGDPの統計上で凌駕する可能性はまだ残していると思います。そして2040年代になって、米国が中国を再び逆転することもありえるんですね。さらに2050年代になると、その米国をもインドが上回るということで、**最終的にはインドが経済覇権を握る可能性があるのです。**

ただし現在はNATO、G7、日米同盟など同盟国による共同覇権の時代ですから、なかなか中国、あるいはインドが〝単独〟で覇権を握るのは難しい。パクスアメリカーナ（米国による平和）が続かざるを得ないのかなというふうに思っている次第です。

今井：先に嶋中さんは、中国は２０４１年あたりまでダウンするといわれました。そこのところをもう少し踏み込んでお話しいただけますか。

嶋中：要するに中国は固定資産投資の比率が長期的にダウントレンドにあるということです。それに加えて人口がどんどん減っていきますので、中国は向かい風を受けながら、国家運営していかねばなりません。ただし、中国にはこれまで経済成長率を長期的に達成してきた貯金があるんですね。そこで、米国を単独で抜く可能性はまだまだ十分残していると思う。

それを覇権というのかというと、また違う解釈が可能です。それは軍事的に見て、日米同盟とか米英同盟、あるいはオーストラリアなどとの同盟を考えると、中国がロシアと連携したからといって、世界の軍事覇権、経済覇権も含めた覇権全体を握ることは少し難しいのではないでしょうか。

覇権とイノベーションの関係

今井：中国の不動産バブル崩壊。これをどうお考えですか？

嶋中：もうすでに崩壊しているのではないかという議論もありますね。しかし、ここにきて中国政府が不動産セクターに資金供給を拡大し始めていて、マネーサプライの伸び率が少し上がっています。

中国の70都市の住宅価格の推移を見ると、これが底入れしかかっていると思われます。前年比で見てマイナス幅が段々縮まりプラスに転じ始めているのではないか、と。今後も資金供給加速や不動産業への対策等により明確に手当てしていけば、中国の不動産バブルは崩壊せずに、あるいは金融危機がひどくなるようなことにはならずに何とか持ちこたえるのではないでしょうか。ただ、詳細な事情はわからないため、持ちこたえられないと困るんですけどね。

今井：インドが覇権を握るとしたら、製造業ではなく、おそらく突出して強いＩＴ関連技術と思われます。どうでしょうか？

嶋中：それはおっしゃるとおりだと思います。**国家が覇権を握るのは、それぞれの国に〝適した〟イノベーションを創造したときです。**米国であれば自動車であり、航空機であり、電気であったわけです。昔のポルトガルですと、インドの胡椒やギニアの金鉱の貿易でした。英国では最初の産業革命を成功させ、蒸気機関や紡績を編み出したわけでした。それぞれ特徴が違ってきますから、おっしゃるようにインドが覇権を握るときには、**ＩＴ技術のメッカのバンガロール**あたりが震源地になるかもしれないですね。

今井：なるほど。そうですね、将来のイノベーションについては、ちょっと私には予測がつかないのですが、何かが起きるのでしょうね。

嶋中：ただＩＴに関しては米国もすごいわけです。ＩＴを開発したのは米国ですから、オリジナリティをインドに期待できるか。そこのところをもっと見ないといけません。

　中国もそうなんですよ。中国もさまざまな科学技術分野の論文数で米国を抜いて世界一になっていると見られますが、本当にオリジナリティがあるものがどれだけあるかというと、まだ不十分なんですね。欧米諸国の技術を学習しないといけないという状況がまだ残っているのです。その意味では、まだまだだな、と。**逆に言うと課題が多いから、その課題に向かって成長する余地が中国にもインドにもある。**

今井：ゼロを発見した国ですからね。インドは数学が強いのはわかる。子どものときは九九なんて2桁までやるでしょう。

潜在能力が際立つインドと中国

嶋中：羅針盤を開発したのは中国なんですね。だから、15世紀の初めの永楽帝の時代に宦官の鄭和《ていわ》（1371～1434年）が何度も海外遠征をした。鄭和は28年間で7回も、実に2万7000名の船員を連れて、200余隻という大船団を率いてアフリカまで行っていたんです。

実際にポルトガルのバスコ・ダ・ガマとか、あるいはコロンブスが米国大陸に上陸したといっても、ダ・ガマの場合など、わずか三隻で60名の船員しか連れて行けなかった。欧米は、自分たち中心の価値観で「大航海時代」と名付けているけれど、その90年ほど前に中国が桁違いな規模で大航海を実現していたわけです。

こうした事実を勘案すると、ゼロの発見のインドとともに、中国の力も潜在的に際立っていると認めざるを得ません。

今井：西暦紀元後の世界各国の経済規模の比較で群を抜く研究成果を残している英国の経済学者のアンガス・マディスンの世界統計を見ると、紀元1世紀時点で、どうやってGDPを測るのかは難しいですが、いちばんGDPが大きかったのはインドなんですね。

嶋中：1700年ぐらいになるとGDPのトップは中国になった。その後、中国はヨーロッパに後塵を拝することになりますが、それはたかだか最近数百年の話なのです。やはりインドと中国の潜在力は恐るべしだと思いますし、ある意味で大国の興亡史観になるけれど、習近平国家主席が掲げる「中国の夢」とは、16世紀前に中国が持っていた覇権の奪還なのです。

決して鄭和は戦争を起こしたわけではなかった。あくまでも朝貢貿易で、要するに威圧はしたけれども、それによって貢物をもらって、例えばアフリカではキリンとか象とかをもらって、それを本国に持ち帰って皇帝や民衆に見せたっていうだけの話で、平和的だったわけですね。

そうした中国がこしらえた世界秩序、あるいは世界の安寧を取り戻そうとしているだけだと考えると、ある意味では覇権は循環しているとも捉えられるのです。そして、それを越えてインドが再び覇権を取るのなら、世界の〝振り出し〟に戻るということになる。これはある意味では、わかりやすいことではないでしょうか。

現在の北朝鮮の巨大版だった旧ソ連

今井：次はロシアについてお聞きしたいです。第2次世界大戦後、世界規模で米ソの対立が続いたのですが、今後はどうなんでしょう？

嶋中：私は国際政治に詳しいわけではありませんが、ロシアは資源だけを持っている国ですから、それを売っていかないと国家として成り立ちません。いま、資源の販路がどんどん狭められていますから、ロシアが戦争を続けていけば、いずれ立ち行かなくなると思います。

確かに旧ソ連は米国に対抗しうる唯一の勢力だった時代がありました。しかしながら、彼我の差は大きく隔たっていたのです。旧ソ連時代の国民の生活水準は非常に低く、軍事力だけが強いという形でした。**誤解を恐れずに言うならば、旧ソ連は現在の北朝鮮の〝巨大版〟に過ぎなかった**と言えるでしょう。プーチン大統領は一生懸命過去の栄光を取り戻そうと努力をしているけれども、やはり一度覇権に挑戦して敗れた国が復活することはほとんどないのですよ。これは歴史を辿れば明白なんですね。

ジョージ・モデルスキーという米国の国際政治学者が大航海時代以降の覇権の歴史を分析しています。16世紀から、覇権国はポルトガル、オランダ、英国、米国の順に推移していくのですが、**いずれも旧覇権国は台頭してきたチャレンジャーと戦って敗戦国となり、その後は覇権国に返り咲くことはなかったのです。**また同時に、チャレンジャーとして何度か台頭しながら、結局覇権を手中にできなかった国もあります。

例えば、英国に対してフランスが何度も覇権を争って、短期的には軍事力でイギリスを抜いたときもあった。けれども、それはサステナブルではなく、結局は英国に抜き返され、ナポレオン戦争でケリが付きました。

今井：そういう意味では、日本も太平洋戦争で米国に挑戦したわけですし、戦後、経済大国になってもう1回挑戦したので、日本は2度敗れている。これは形を変えた覇権争いだったわけですね。

嶋中：はい。それでロシアのほうは旧ソ連のときに1度米国に挑戦してそのままになって、ある意味ではいま、2度目の挑戦をしていると言えなくもない。ロシアがウクライナに侵攻、それに欧米諸国が異を唱えた。それに反発したロシアは中国やインド、南の諸国と連携しながらなんとか均衡を保とうとしていますが、やはり力不足は否めません。また、プーチン大統領が自国の民心をどこまで繋ぎ止めることができるのかも不安ですね。

そうした状況を勘案すると、モノカルチャー的な生産構造で資源だけ握って、兵器と穀物生産に傾斜するロシアが今後も巨大な戦費を捻出できるかどうか。なかなか難しいのではないでしょうか。

株式の格言「もうはまだなり、まだはもうなり」の真意

今井：肝心の日本についてはどのような評価をされているのか、聞かせてください。

嶋中：周知のとおり、日本は第1次世界大戦の後、第2次世界大戦までの間に、特にアジアを中心に世界中を席巻しました。明治期以降に世界に類を見ない経済発展を遂

げて、軍事的にも一等国にのし上がったのですが、率直に言って日本はずっと発展し続けるという国ではなく、サステナビリティ（持続可能性）が足りない国ではないかと思わざるをえないです。

今井：英国が七つの海を支配して一時代を築きました。日本もそれに近い姿を超高速で実現したんだけれど、衰えるのも超高速だったということですね。

嶋中：ええ。ただそうは言っても、ここからですよ。**みんながもう駄目だというふうに思ったときに、新たな復活が始まることは多いわけで、循環論とはそういうものです。**ちょっと脱線しますが、株式の格言で「もうはまだなり、まだはもうなり」というのがあります。まだ大丈夫といっているときはすでに駄目になっていて、もう駄目だというふうに多くの日本国民が思い始めているときにこそ、新たな復活が始まる可能性があるわけです。「さあ、どこがどういう形で日本復活を切り拓いていくのか」を見つけていくことが、株式投資をする上でも非常に重要なことではないかなと思います。

1人当たりのGDPは厳しい状況にあるのですが、人口が減っていくことによって逆に生産性が上がってくる。そうすると1人当たりのGDPは意外に良い位置をキープできる可能性がまだ残っているわけです。

現状では、移民がたくさん来ることが前提とならない限り、日本の経済規模が急激に大きくなることは望めません。1人当たりという基準で高い位置を保つためには、規制緩和を支援しながら重点的な投資を続けて、生産性を上げていくことが大事でしょう。

今井：なるほど。「みんなが駄目だと思うのに復活する」と言われたけれど、例えばどういうことが起こると思いますか？

嶋中：私がその場にいたわけではないし、今井先生のほうがご記憶にあるのかもしれませんけれど、日本が戦後の焼け跡から復興して立ち上がってきた場面ということですね。そこには確かに前向きな力があったからこそ、実現できた。広島、長崎と、原爆を2回も落とされて戦争に負けた。そんな国の経済が世界第2位になるとは誰も想像しなかったと思うんですよね。そんなことは夢にも思わなかったのにできてしまった。

　みんな玉音放送を聴いてがっかりした。仕方がない、もう米国に従っていくしかない、と。**ところが、実際には、その後日本は米国の方がライバル国として〝再認識〟せざるをえないような復活ぶりを遂げて、１９８０年代においては世界の旦那衆の１人になってしまったのです。**

　それで、日本のＧＤＰがあれば、世界中の土地が全部買えるみたいな〝錯覚〟を引き起こすところまで行ってしまいました。逆に言うと、牛と大きさ比べをして「まだ大丈夫」と思っているうちに、お腹が破裂してしまったイソップ物語の蛙のように、バブルであまりにも自分の力を過信したところから、日本の凋落《ちょうらく》が始まったのです。

　人生でも何でもそうですけれども、「もう駄目だ」と思ったときにとんでもない力を発揮すること、思ってもいなかったような形になることがあるんですね。それは多分それまで注目されていなかった分野が急速に台頭してくることが多いからだと思います。それが何であるかはなかなか見つけにくい。

　例えば米国からＩＴが勃興してきたときも、いまのような形になるとは誰も想定しなかったと思うんです。コンピュータがパーソナルコンピュータという形になるところまではわかっていたけれど、スマホになるほど発達するとは思わなかった。現在はむしろ、スマホを持っていなければ普通でないと思われるところまできてしまった。

一時は電話ボックスが一つもなくなるような勢いでした。それだと災害のときに困るので電話ボックス（公衆電話）は若干残っていますけれどね。あるいは固定電話がなくても済むようになるとは誰も思わなかったのではないでしょうか。

こうしてつらつら考えてみると、**意外なところから意外な展開がやってくるのが世の中の常なんです。**そして駄目だと思ったときに、駄目だからと反省して、何か別のやり方を試みようとチャレンジして鍛えられてくるのだと思いますね。

恐れ入った麻生太郎氏の慧眼

今井：失敗したらその後に成功が来る。そして成功したら失敗が来る。つまり、循環するわけで、「それは何か？」と問われても、誰にもわからないということですね。

嶋中：私は1990年代初頭、「週刊エコノミスト」に電気自動車の時代が来ると書きました。確かに来たんだけれど、タイミングとしては、うんと後だった。それからパーソナルロボットの時代が来るとも書いたけれど、ちょっと違う形でやってきました。

意外なのはドローンです。小さなマシンで、いわば小型ヘリコプターですよね。それが離島への物資の運送用や空飛ぶ車に応用されるのは思いもよらぬ展開でした。ただ、地下鉄サリン事件のときに模型のヘリコプターでサリンを撒くという話がありましたが、逆に怖いとも思います。規制があまりにも緩くなりすぎると、セキュリティ問題が心配されます。最近では中国の気球の問題も発生しましたけれども、まったく想像もできなかったじゃないですか。

今井：だから、誰にもわからないけれど、悪いことの後には良いことがあるんですね。悪いことがあったら、それを繰り返さないように努力をするなかから新しい〝着想〟が生まれてくるんだと思います。

嶋中：それが日本人にできるかどうかと問われれば、私はできると思います。米国などは軍事技術を平和の〝配当〟という形で民間に払い下げたんですよね。そうした側面をシリコンバレーは持っています。本来はあまり緩めてはいけないものが規制緩和された面もありますが、例えば過去の日本において、国鉄の民営化とか臨調（臨時行政調査会）など思い切った改革が進められましたよね。そういうもので何か眠っているものを引きずりだすという手もあります。

今井：いま文化芸術の世界で、日本のアニメや漫画が圧倒的な地位を占めているのも意外なことですよね。かねてより麻生太郎さんは手放しで評価していたけれど、日本国民の大半はある意味笑い飛ばしていたわけでした。でも、本当にそうだったっていうことですよね。改めて麻生さんの慧眼には恐れ入ります。

嶋中：クールなアニメを求めて多数の外国人がインバウンドで来てくれるのですから、改めて大切にしなくてはと思います。今井先生がおっしゃったように、インバウンドも新しい次元に突入してきました。さまざまな種類のＳＮＳが発達したために、外国人が自分で勉強して日本人が知らないところに訪れるような時代になりました。そういう意味では国境がなくなったということですね。

日本は「課題先進国」

嶋中：それにしても、コロナは本当に意外でした。スペイン風邪が繰り返したんですよね。しかもスペイン風邪も1918年から1921年の3年間で、今回もまた3年間なんです。きわめて周期的に同じようなことが起きている。その意味では、また平常に復してきているので、新たな方向性を見つけるには、非常に適している時期なのかなと思っています。

私はかねてより**日本という国は「課題先進国」だから期待できる**と言い続けており、その点では批判も多いとはいえ、岸田政権が少子化に対して手を打ち始めており、これを本格的に進めると、意外な展開が起こるかもしれません。例えば、急に日本の人口が増え始めるとか。ありえないことではないと思うんです。

今井：日本が非常に元気だった時期とは、残念ながら世界のどこかで戦争を行っていて、そこに輸出をするとか、まあ漁夫の利ともいえるものでした。朝鮮特需やベトナム戦争などはその典型でしょう。

嶋中：でもそれで局面が変わるのは情けないことで、もっと何かあるのではないかと思います。宇宙開発かもしれないし。技術でいえば、日の丸航空機であるYS11復活の夢です。例えば私は中・小型旅客機のMRJに期待を賭けていただけに、開発を断念した際はとても残念でした。航空機開発は第2次世界大戦後、日本勢は半ば禁止されていて、YS11でプロペラ機が復活したかと思ったけれど、その後継機をつくれなかった。一方、小型機のセスナを抜くほどの成功例となったホンダジェットは型式証明を連邦航空局、次いで欧州の当局から取得しているため、事実上は米欧製と言う向きもある。ただ、いまはせっかくの円安ですからね。また、経済安全保障の問題からも、改めて国産が注目されていますよね。

今井：だから、そういう時期に中国なり外に出ていた企業は日本に回帰すべきでしょう。岸田政権はバイデン大統領に促されて防衛力の強化を挙げているけれど、日本の防衛産業の技術を腐らせないために尽力しなければなりません。

嶋中：それからさっきの少子化ですけど、何かうまい方法があるのかもしれない。環境方面の技術にしても、海洋プラスチックごみの問題を解決する海洋生分解性プラスチックが開発され、話題を呼んでいます。やっぱり日本企業は、課題をどう克服するのかをテーマにすると強い。それは日本が課題に真剣に取り組まなければいけないという気持ちになれる状況にある国だからです。

今井：私が注目しているのは、雨でも発電できるフィルム型の薄い太陽電池が開発されたことです。これは将来、ノーベル賞を獲る可能性があります。

嶋中：太陽光関連ではこれまで中国に席巻されてきたわけですが、それが日本発で製品化されたらすごいことになりそうですね。そういう意味では水素エンジンもそうだし、あるいは脱炭素化と言われるなか、東京電力と中部電力が出資する発電会社JERA《ジェラ》など、火力発電でどこまで炭素を出さないでいけるかも注目です。

世界的な食糧危機が迫るなかで存在感を増すオランダ

今井：ちょっと外れた質問になるかもしれません。これまで歴史上の覇権国は全部北半球の国家でした。今後も南半球からは覇権国は生まれないでしょうか？

嶋中：これまではそうかもしれません。けれども、今後はオーストラリアが大化けするかもしれないし、それはわからないですよね。

今井：インドも北半球ですよね。

嶋中：そうです。ところで、インドの南東に位置するインドネシアの国土の一部は南半球にあります。ここは人口が多くて2億6000万人ぐらいいますから、甘く見てはいけません。ただ、インドネシアが覇権国になるというのは、今のところ現実的ではないですね。今後、ペルーやアルゼンチンが化学反応を起こすかもしれません

農作物の輸出額ランキング（2019年）

順位	国名	億USドル（IMF年平均レート）
1位	米国	1,359.5
2位	オランダ	1,064.7
3位	ドイツ	798.7
4位	中国	766.8
5位	ブラジル	763.5

順位	国名	億USドル（IMF年平均レート）
6位	フランス	677.1
7位	スペイン	546.2
8位	カナダ	497.9
9位	イタリア	478.4
10位	ベルギー	437.8

参考：国連統計

が、基本的には当分の間は北半球で覇権国が出てくるのでしょう。

私がきわめて興味を抱いているのは、かつて覇権国だったオランダです。**オランダは言わずと知れた農業大国。あれだけの狭い国土面積なのに農業輸出では世界有数です。**そこを日本も目指したいですよね。オランダのノウハウを徹底的に研究するのはいいかもしれない。日本は他国の技術を研究して磨き上げて、本家を上回るのが得意じゃないですか。

そしてなぜオランダに注目するのかと言うと、**世界的な食料危機**が間近に迫っているからです。それに呼応するように、昆虫食が自動販売機で売られたりして、結構流行っています。コオロギのコーンフレークとかね。日本で昔から食されていたのはイナゴや蜂の子、ざざ虫あたりでしょうか。やっぱり形がグロテスクなものは嫌だと思ってしまうのですが、大豆ミートなどの人工肉（代替肉）は市場に受け入れられているようで、食品各社が開発にしのぎを削っています。まだ市場は小さいけれども、こうした分野は日本が得意になる可能性が高いと思います。

今井：日本も捨てたものではないということですね。嶋中さんが言われるとおり、すべて行き詰まったと思うところから新たな化学反応が起こる可能性もあります。

嶋中：ｉＰＳ細胞とかＬＥＤ、あるいはＱＲコードなどは日本発の研究成果ですが、問題はそれらの多くが１９９０年代までに行われていた研究（ｉＰＳ細胞は２０００年代）で、いまのノーベル賞の対象になっていることです。２０００年代以降は不透明な状況で、そこが心配なところです。

今井：国立大学を独立行政法人化した結果、資金不足から基礎研究を重視しなくなりましたからね。

嶋中：先に取り上げた昆虫食の研究などは、これまでであれば打ち捨てられていたかもしれません。今後はこれまでお金が付かなかったような研究開発にフォーカスする必要があります。特に日本は基礎研究が重要なフェーズに入ってきていますからね。もはやキャッチアップの時代は過ぎ、自らつくり出す時代になっている。それにしては新たな成果があまり出てこないですね。確かに独立行政法人化の問題も無視できません。

日本はフランスを目指すべきなのか？

今井：私の個人的な意見ですが、先々日本はフランスみたいになるのではないかと思っています。いまのフランスの主要産業は、パリを中心とした観光ですよね。他の産業はそこそこですが、なんとか生きています。

嶋中：フランスが備える原子力や宇宙開発の技術は卓越しています。かつては超音速旅客機のコンコルドを飛ばしたほどで、世界一の技術力を持っていました。TGVだって、最高速度が世界一でした。フランスを訪れる国際観光客も多くて、コロナ前の2019年は8810万人で、世界1位を誇っています。日本もそういう国になるといいかもしれません。

今井：パリは一つの国のようで、パリ以外のフランスは農業国です。

嶋中：バチカンや香港のようにね。もっとも、それを言うと東京だってそうかもしれない。

今井：日本がフランスみたいになったら出生率が上がるかもしれません。

嶋中：フランスも一時非常に出生率が上がったんですが、最近はちょっと落ち目になってきたという話を聞きます。

今井：ストばかりやっているからでしょうかね。

嶋中：そうかもしれません。とはいえ、フランスでは結婚をしなくても、子どもが産める制度が整っています。これが出生率に貢献した面もあるでしょう。移民の出生率の高さも無視できません。ただ、そうした制度が本当にいいのかという意見もありますがね。

今井：フランス人もイタリア人もそんなものですよ。人生を楽しみたいわけで、ラテン系民族らしい。でも、フランス人はまったく働きませんよ。年に200日しか働かない。

嶋中：私もフランス（リヨン）に留学した経験がありますから、よくわかります。ただ、朝は早いと感じました。一方、日本人も段々働かなくなってきていますよね（笑）。週休3日制の導入とか言っています。コストを削ろうと思って、企業側がいろいろと策を練っている面もあるのでしょう。

今井：そんなに休んだら、イーロン・マスクに怒られますよね。

嶋中：そう。彼は日本は消滅するかもしれないとも言っていました。でも、人口減だけで国家が消滅するのはあり得ないと思います。あとは日本が正式に移民を認めるかどうかです。そこの決断ですよね。

Column

植田日銀に吹くフォローの風

周知のとおり、日銀の新総裁になったのは経済学者で、元日銀審議委員の植田和男氏。言うまでもなく、就任当初の市場の関心は、植田新総裁が黒田体制の異次元の金融緩和をきちんと後継する「リフレ政策派」なのか、それともそれに対峙する「タカ派」なのかでした。

植田新総裁はリフレ派とタカ派のバランサーとして岸田首相は彼を選んだのだと、私は考えています。つまり、彼はハト派でもタカ派でもないのです。

ときどき意見交換をさせていただく武者リサーチ代表の武者陵司さんも、「ストラテジーブレティン326号（2023年2月20日）」のなかでこう述べています。

「植田氏は8年にわたる日銀政策委員としての実務経験に基づき、経済や金融の現実は特定の理論で整理できるほど単純ではなく、局面に応じて有効な理論やツールを柔軟に応用すべき、という持論を持っている。それは2000年の速水総裁、2006年の福井総裁のときと2回にわたって利上げに反対したこと、フォワードガイダンスのような非伝統的政策を推進してきたことなどからも明らかである」

続いて武者さんは、10年間の長きにわたってデフレと闘い続けた黒田東彦前総裁を次のようにねぎらった。そこには黒田前総裁の無念を代弁する一面もあり、武者さんらしいあたたかさが感じられました。ぜひ、お読みください。

「黒田氏が行った『異次元の緩和政策』は、伝統的政策に固執する日銀OB、学者、エコノミストとメディアからの総批判を浴びた。そもそも日本のデフレは大恐慌型のスパイラルではなくマイルドな『デフレ均衡』であり、少子高齢化の下では甘受するしかないものであるとの風潮が蔓延しており、デフレ脱却に対する国民的合意が形成されていなかった。

それなのに安倍政権はまだ白川総裁時代の2013年3月に、日銀にデフレ脱却の圧力をかけて、『政府と日銀の政策協定（アコード）』を締結させたが、その強引な手法に対する反発が経済論壇に修復不能の溝をつくってしまった。安倍政権批判に凝り固まった左翼メディアは、アベノミクスの中核である黒田日銀の『革命的金融政策』を、半ばイデオロギー的に批判し続けた。

この強烈な日銀政策批判は、アベノミクスは失敗し日本病脱却は果たせないとするものであるから、予定調和的に人々の後ろ向きな経済行為を促進することでアニマルスピリットを圧殺し、自己実現的に政策の効果を奪った。それは2度にわたって実施された消費税増税とともに、経済パフォーマンスを悪化させ、2％インフレターゲットの実現を拒み続けたのである。かつて量的金融緩和を推進したECBのドラギ総裁は、ドイツのマイナス金利批判に対して、『代替策のない〝全否定〟は受け入れられない』と述べたが、それは日本国内の日銀批判にこそ当てはまる」

そして、この武者さんのレポートは、今回登板する植田氏は黒田氏登板時とは打って変わって、好条件に恵まれているという内容で締められています。それは

黒田前総裁と植田総裁スタート時の市場と経済比較

日経平均株価	1万円強 → 3万円弱
株式時価総額	300兆円 → 700兆円
為替（ドル円）	80円 → 130円以上
就業者数	6300万人 → 6700万人
法人企業の経常利益	40兆円台 → 80兆円以上
税収	40兆円台 → 65兆円
物価上昇率（食料・エネルギー除くコア）	0.4% → 1.7%
消費者物価指数（生鮮食品除く）	前年比で3.0%増（1981年以降41年ぶりの高さ）

出典：ストラテジーブレティン（326号）

私がブログなどで申し上げていることと相似しているもので、まずは経済と市場が黒田氏の就任時とはまるきり違うことです。

黒田日銀がスタートしたのは2013年3月。東日本大震災や欧州債務危機の直後で、デフレに苦悩する日本は「お先真っ暗」としか言い様のない状況でした。

それに比べて植田日銀の船出がどれほど恵まれているか。武者さんは数字を駆使して、わかりやすい比較を示しています。

賃上げについても約80%の中小企業が実施の意向で、現在の日本の経済環境は非常に良化しています。株価についても、海外勢がバリュー株を再評価する動きが出ています。日本人がそれに気が付いていないだけなのです。

そして、今回の日銀総裁人事に主要国は非常に歓迎ムードなのが特筆されます。元FRB議長のバーナンキ氏が植田氏と大学のクラスメイトなのですね。いまや世界各国の中央銀行のトップは官僚や政治家ではなく、学者やエコノミストなど最高の知性の持ち主が務める時代になっており、その意味においても植田新総裁は歓迎されているのです。

嶋中雄二（しまなか・ゆうじ）

白鷗大学経営学部教授
岡三証券グローバルリサーチセンター 特別顧問・エグゼクティブエコノミスト
1978年早稲田大学政治経済学部卒業後、三和銀行（現・三菱UFJ銀行）入行。1983年早稲田大学大学院経済学研究科修士課程入学（1986年修了）。仏政府給費交換留学生としてリヨン経営大学院留学、米スタンフォード大学フーバー研究所Visiting Scholar、日本経済研究センター研究員など務める。1989年三和総合研究所主任研究員、主席研究員、投資調査部長兼主席研究員を経て、2002年UFJ総合研究所 資調査部長兼主席研究員に。2006年三菱UFJリサーチ＆コンサルティング株式会社投資調査部長兼主席研究員。2007年三菱UFJ証券株式会社参与・景気循環研究所長、2010年三菱UFJモルガン・スタンレー証券株式会社 参与・景気循環研究所長を経て、2022年白鷗大学経営学部教授に就任。2023年岡三証券グローバルリサーチセンター特別顧問・エグゼクティブエコノミストに就任。
1991年のいざなぎ超え論争など多くの歴史的な論争に参加し、時として政府の経済政策にも影響を与えてきた。日銀の金融政策についても、2000年のゼロ金利解除に反対し、2013年の黒田総裁就任時にはいち早く大規模緩和を提唱して、必要な量的規模の試算をするなど、一家言を有する存在である。景気の山・谷の予測を得意とし、「転換点ハンター」の異名でも有名。現在、内閣府景気動向指数研究会委員、景気循環学会副会長を務める。
著書（単著・編著）に『2050年の経済覇権――コンドラチェフ・サイクルで読み解く大国の興亡』『第3の超景気・ゴールデン・サイクルで読み解く2025年』（日本経済新聞出版社）、『これから日本は4つの景気循環がすべて重なる。ゴールデン・サイクルⅡ』『ゴールデン・サイクル――「いざなぎ超え」の先にあるもの』『複合循環――よくわかる景気の読み方』（東洋経済新報社）など多数。

第3章

米国からマネーが流出し続ける構造的な理由

対談 エミン・ユルマズ×今井 澂

現在の日本株の勢いをすでに3年前から言い当てていたのがエコノミスト、グローバルストラテジストのエミン・ユルマズさんです。彼はトルコ出身で、16歳のときに国際生物学オリンピックの世界チャンピオンという栄誉に輝きました。そのご褒美がしゃれていて、大学留学期間の費用だったそうです。

歴代チャンピオンが漏れなく進んだのは欧米の大学でしたが、天才の名をほしいままにしたエミンさんが選んだのは、日本の東京大学理科一類でした。大学院での専門はバイオ。学者コースへまっしぐらかと思いきや、彼は野村證券の門を叩き、現在に至っています。

出会って打ち解けてみると、彼の〝日本愛〟が半端ではない、いや筋金入りであることが伝わってきます。何よりも我々が忘れてしまっている日本人や日本の良さを評価する目線がありがたいなと感じざるを得ません。

また彼は、国際生物学オリンピックの試験会場だったウクライナの情勢を、ことのほか気にかけている人物でもあります。

▼日本の時代到来に気付いているバフェット

今井：ＳＶＢ（シリコンバレーバンク）をはじめとする米国の銀行の破綻《はたん》の影響がどう日本に降りかかってくるのか。日本にとっては大きな懸念となってきています。

契機循環論の専門家である嶋中雄二氏は、キッチン・サイクルからコンドラチェフ・サイクルまで4つのすべてのサイクルが当てはまる日本が好景気になる、あるいは株式が上がると予測しています。

かねてよりエミンさんが言われていたように、他国はともかく日本の景気、株価がこれから上昇していくという予測と符牒が合っています。

エミン：日本株の中長期的な展望と、欧米の金融機関のどちらかというと目先の動きは全然違うものなので、私も説明するときにけっこう苦労するのです。例えば、「エミンさんは日本株が上がると言う一方で、エブリシングバブルが崩壊すると主張している」と。でも、エブリシングバブルが起きているのは米国で、日本ではありません。日本がエブリシングバブルになったのは1980年代後半で、それが崩壊してから米国株相場が盛り上がっていった。それと似たようなことが日本に起きると、私は言っているわけです。これもある意味においては〝サイクル〟ですよね。

どちらかが上がって、どちらかが下がるようにできているのです。世の中でお金をいくら刷っても、お金は無限大ではありません。結局はどこかへ流れるようにできています。どこかへたくさん流れると、どこかでは不足する。そういうものです。

そうした観点からすれば、**たしかに日本にサイクルは回ってくる。それにすでに気付いているのがウォーレン・バフェット氏のような人物なのでしょう。**彼は日本にやって来て、日本人のお金で日本株に投資しているわけで、そこがすごいですね。

だって、自分のお金ではないのですから。日本から1％の金利でお金を借りて、3％の配当を出している日本株に投資をして、さらにその銘柄の株価も上がっているのです。よくよく考えたら、それは大変なことではないかと思う次第です。

一方でバフェット氏に貸したほう（日本勢）は1％しかもらっていないのですから、そちらにしてみればこんなバカバカしい話はありません。自分で投資すればよかったのです。

ただ、これは大きなきっかけになるのでしょう。これを嚆矢《こうし》にさまざまな外国人投資家が日本に来て、投資をするはずです。それは私がかねてより主張していることです。

▼米銀からのマネー流出は当然の流れ

エミン：日本はそれでいいとしても、かたや米国は依然としてバブルが膨らんだままです。どうしても株価は一度、ヒストリカルな水準に戻らなければいけません。ヒストリカルな平均水準とは何かというと、具体的にはいわゆる**バフェット指数の水準**です。
「その国に上場している全企業の時価総額の合計は、同国のGDPの約8割が妥当であろう」とするのがバフェット指数の考え方です。

つまり、**株式市場の時価総額を名目国内総生産（GDP）で割った値**のことです。GDPよりも株式市場の時価総額のほうが大きければ、値が1を上回り、その数字が大きいほど株価の割高を表す。こう説明する人もいます。

米国のそれは2023年4月23日の時点で156・3%でした。ヒストリカル水準の80%の約2倍と割高なので、オーバーバリューであることがわかります。さらにいうと、同時期のS&P500の配当利回りは1・7%と歴史的な〝低水準〟にあります。よくよく考えたら、いまの米国の1年債、2年債は4%以上の利回りが出るので、米国株にお金を回すのは実はバカバカしいのです。

米国の銀行が抱えている問題の一つはそれです。いまの米国の預金金利は0・25%なので、預金する必要はありません。全額引き出して米国のMMF（マネーマーケットファンド）に入れておけば、4%以上の利回りが出る。S&P500の配当利回り1・7%の倍以上になります。

これが米国の現状なので、**米国の銀行からお金がどんどん流出するのは、当然の流れといえます。そして株式市場から債券市場にお金が流れるのも当然なのです。**

さらに、これは私が口癖のように申し上げていることですが、弾けないバブルはありません。確実に3年前から続いてきたコロナバブルも弾けます。

このバブルが弾けることで、**米国株式の割高な状況が〝解消〟されて、通常のバリエーションに戻るもの**と私は予測しています。

それがいつなのか？

おそらく2023年中ではないでしょうか。

ソニー化するアップル

今井：この4月からアップルが預金サービスをスタートさせました。人気は上々で、知名度と信用力に加え、他行の10倍以上という預金金利がモノを言っているようです。iPhoneからの口座開設が簡単なことから、今後1億近くまで口座数を増やすともいわれています。アップルが金融業に進出してきたのも、米国の預金金利が低すぎることと関係していますか？

エミン：微妙ですね。「**アップルがソニー化してきた**」と私はよく冗談を飛ばしているのですが、これは米国企業のイノベーションが尽きてきたことの象徴のような気がしてなりません。

スティーブ・ジョブズ氏が亡くなった後にアップルが発表した製品を考えてみると、同じものの機能をちょっとだけ変えて、例えばスマホのカメラを増やしたり、遊びの要素を増やしたりしているだけなのです。

結局、スマホ自体もコモディティ化してきている。

そんななかでスマホの買い替えサイクルが延びてきており、ソニーの金融化の成功を見て、うちも金融に進出してみるか。そんな〝誘惑〟に駆られたのかもしれません。

でも、それはアップル自身の衰退につながると私は思います。ソニーが時価総額で世界トップ10に入っていた頃には、金融などにわき目もふらずにイノベーションに突き進んで、世界を圧倒していました。しかし、気付いたらソニーはいつの間にか金融で儲けるファイナンシャル・カンパニーに変身を遂げていました。

だから、**アップルだってマイクロソフトだって、金融に向かおうとするところはすべてその後の衰退を暗示しているように思えてなりません。**米国のテクノロジック・

イノベーションの衰退です。でも、それはある意味で起こるべくして起きている。

どの国も物を言うのは人口の多い世代で、米国ならばベビーブーマー世代（1946〜1959年生まれ）です。ベビーブーマー世代が若かった頃、ばりばりに働いていた頃、米国における技術革新は突出していました。1970年代後半から1980年代、米国にIT革命が起きていたときです。

スティーブ・ジョブズとかビル・ゲイツが育った時代でした。

いま、その時代に一世を風靡した人たちが引退をしようとしています。そしてその世代で起きたIT革命はすさまじい消費パワーを創出してきた。FRBはそうしたパワーの〝穴埋め〟を、金融緩和、要はお金を刷りまくることで行おうとしたわけです。でも、これはベビーブーマーというサイクルがIT革命を産み落とし、発展させたものだから、そんなことで穴埋めができるとはとても思えない。


やはりGAFAに代表される米国のIT企業はこれから衰退していくのでしょう。しかも現在の時価総額はあまりにも高すぎます。

ブロックチェーン技術を応用したサービス群Web3に移そうとする話が持ち上がっているけれど、それもどこまで成功するかはわからない。インターネットセクターが一部の企業に集中していることから、やはりその状況をよく思っていない人々は世の中に溢れており、それは片方の事実でもあるからです。

結局、私が予測したよりも時間はかかっているとはいえ、2023年中、あるいは来年にずれ込むかもしれないけれど、再び大きな調整が訪れるのは確実です。株が割高のバブル状況が日柄調整のように横の動きで解消しません。したがって、一度大きく下げてから現在の余剰分を全部吐き出して、そこから新たな相場サイクルが始まるのです。

依然として、米国株はバブルのままです。

投機的な商品がいろいろなところで蔓延《はびこ》っています。

中国が画策する6つの戦争

今井：かなり飛躍するのですが、米国経済のバブルが本格的な崩壊となった場合、最悪、その先に戦争はあるのでしょうか？

エミン：可能性はありますね。厄介なのは、米国の景気が悪くなって、米国のバブルが崩壊しつつあるのと同時に、中国のバブルが崩壊している点です。中国のバブルはいまは静かに崩壊しているけれど、その余波はけっこう大きい。

ことにあれだけの人口を抱えて、いままではどちらかというと、中国が経済成長しているから他国は黙ってきた。中国側からすれば、他国を黙らせてきた。中国の経済成長が止まって不況が続くようになってしまうと、今度は中国国民の不満が高まって、そのはけ口として政府がナショナリズムに走ったり、戦争に走ったりしやすくなる。これは歴史が証明しています。

中国は6つの戦争を考えているといわれています。

2013年、中国政府の公式見解ではないとしながらも、中国の『中国新聞網』や『文匯報』などに、中国は2020年から2060年にかけて「6場戦争（6の戦争）」を行うとする記事が掲載された。

この「6場戦争（6の戦争）」計画とは次ページのとおりです。

今井：ロシアが20世紀型大国の亡霊であることが世界中に知れ渡ってしまった。

6場戦争（6の戦争）

2020〜2025年	台湾を取り返す
2028〜2030年	ベトナムとの戦争で南沙諸島を奪回する
2035〜2040年	南チベットを手に入れるためインドと戦争する
2040〜2045年	尖閣諸島と沖縄を日本から奪回する
2045〜2050年	外蒙古を併合する
2055〜2060年	ロシア帝国が清朝から奪ったハバロフスク、ウラジオストクなどがある外満州、江東六十四屯（かつての中国人居留区）、パミール高原を取り戻す

出典：『中国新聞網』

エミン：おそらくロシアにとって、いちばんの悪夢は中国だと思います。

少なくともいまの米国、ドイツはロシアの土地が欲しいわけではありません。

けれども、中国は違います。

かつては版図だった土地ですから、喉から手が出るほど取り戻したいわけです。おまけにフレッシュな水資源が豊富なのですから。いまの中国は石油も欲しいけれど、それよりも水が欲しい。国内の水資源が貧弱このうえないのです。

おそらく米国の中国包囲網は、先に挙げた6つの戦争のシナリオをすべて想定しているのではないでしょうか。多くの人たちには、いまの米国の振る舞いは過剰反応に映るかもしれません。しかし、数十年後にはそれが過剰反応ではなかったことがわかるのだと私は見ています。米国はさまざまな欠点を抱えている国ですが、そのあたりの分析、対応は正鵠《せいこく》を射ています。

1930年代、40年代の日本だって、まさかあの日本が米国に戦争を布告するなんて誰も思っていなかったけれど、結果的には間違っていました。

今井：それだって覇権の視点から眺めてみると、違う景色が見えてきます。

エミン：**今回のロシアとウクライナの戦争は、世の中を大きく変えてしまいました。世界の金融にも大きな影響を与えることになりそうです。**

米国が今回はドルを武器にしたので、ドル覇権システムに対する不安がロシアのような独裁国家には際立って根強く残ることになるでしょう。だから、なんらかの形でドルへの依存を減らそうという試みがあるはずです。結果は別として、そうした試みが加速していくのは間違いありません。

▼スズキがインドで成功した理由

今井：そのときにインドはどうなっているのでしょうか？

エミン：インドも歴史的な立ち位置からして、必ずしもどこかに付くとは限りません。**インドはインド自身で「軸」をつくりたいほうだから。ある意味、どこもインドをそう簡単に〝敵〟に回せないわけです。**

おそらくインドは第三の軸をつくろうとするのでしょう。それが意味を持つのか、成功するのかは置いておいて、第三の軸をつくろうと頑張るのだと思っています。

だから今回のウクライナ戦争でもインドはそんなに〝西側的〟な発言を行っていません。加えて、当然ながら中露に付いているわけでもない。やはり第三の軸として自分で立ち回ろうとする気配を醸し出しています。今後もそれを継続していくはずです。

でも、何はともあれ、インドのポテンシャルは大きい。それは認めなければなりません。ただし、ポテンシャルが大きい国は、それをすべて使えるとか、発揮できるとは限らないけれど……。

今井：アップルの大型サプライヤーである台湾・鴻海《ホンハイ》精密工業はインド南部のチェンナイにあるiPhoneの生産拠点を大幅に強化する計画で、2024年までにiPhoneの生産台数を年間約2000万台に引き上げ、従業員数をこれまでの約3倍の10万人に増やすことを目指していると聞きます。

エミン：インドの製造業については、特に高性能半導体分野がうまく育つのかどうかは不透明だと思っています。けれども、インドにはインド独特の製造ノウハウが備わっています。

例えば、スズキ自動車などを見るとよくわかります。

浜松のスズキ本社にスズキの歴史資料館があります。そこに行くと、スズキの歴史がまとめられているコーナーが設けられているんですね。スズキは戦前から東南アジアにおいて盛んにビジネスを行っていました。なぜでしょうか？ スズキはもともとは織機のメーカーだったんですね。つまり、トヨタと〝同根〟です。

スズキの地元の静岡県の遠州地区はかねてより綿花栽培が盛んで、織機に対するニーズが高かった。1929年に当時としては画期的な横縞や格子柄を自在に織れる「サロン織機」を世に送り出し、大ヒットを収めました。

海外進出も果たし、インドネシアやマレーシアなどの民族衣装、バティック（ジャワ更紗）の織物メーカーから引っ張りだこになります。当時の東南アジアにおいては「SUZUKI」が織機を表していたほど影響力があったのです。

こうした経緯から、スズキは東南アジアの国々とは100年近くの付き合いを重ねてきています。おそらくスズキは東南アジアで培ってきたノウハウがあったから、他の日本の自動車メーカーが一様に腰を引いたインド進出を決断、見事に合弁企業・マルチスズキを成功に導いたのだと私は捉えています。

インドとのビジネスノウハウはかなり特殊なものなので、当然ながら一朝一夕には身に付きません。織機を通じた東南アジアでのビジネスの経験がスズキを鍛え上げ、インドでの成功に寄与したのではないか。私はそう考察しています。

中国で仕事をするときのアドバンテージとは、すべてを国が上から命じれば、それ相応にプロジェクトは進展することです。インドの場合、いちおう民主主義国家だから、多種多様の〝カオス状態〟なんですね。その州、その都市、その現場によって対応が違うのです。関わる人たちすべてを説得しなければならない。

もう一つ、**現在最重要とされる高度な半導体の研究開発となると、やはり当該場所のインフラが重要となってきます。きれいな水、安定的な電力供給、正確な輸送ルートが不可欠で、そう簡単には見つからないわけです。**

ここがインドの得意とするソフトウェア開発とは違います。

ソフトウェアはパソコンを集中させるデータセンターをつくればいいのですが、大掛かりな製造業はそこに多趣多様な周辺産業（クラスター）が育たないといけないという重要な条件があります。

自動車産業などはその最たるものかもしれません。鉄鋼、部品などさまざまな産業が川上から川下まで関わっていることから、守備範囲の手広いドイツや日本は強みを発揮してきました。

たしかにインドは飛び抜けてソフトウェア産業に強みを発揮しているのですが、ソフトウェアだけでは雇用の拡大には結びつきません。そこにメーカー機能の充実が備わることで、インドの発展はより強固なものに変わっていくはずです。

どちらかというと、インドは消費で成長を遂げてきたといえます。その意味ではけっこう珍しい消費経済成長モデルなのです。ここ数年、製造業も伸びてきているとはいえ、日本、中国、台湾、韓国とは異なる経済成長モデルと言えます。

▼インドが抱えるハイジーン問題

エミン：製造業を育てるには、結果的に必ずといっていいほどインフラの問題が付いて回ってくるのです。現在のモディ氏が首相になる前に選挙キャンペーンで約束していたのは、**「ガンジス川をきれいにする」**というものでした。そして2014年にインド首相に就任。けれども、それから約10年が経過してもいまだにガンジス川はそれほどきれいになっていません。

なぜでしょうか。ガンジス川の蘇生は世界でもっとも難しいインフラ・プロジェクトのひとつだからです。きわめて難題なのです。なぜならば、ガンジス川周辺に45の都市、約4億5000万人の人たちが住んでいる。その人たちの生活用水、上下水道はガンジス川から届いて、ガンジス川に戻って行っているのです。

要は、まずは4億5000万人分の水インフラを整えなくてはならない。これはモディ首相だからどうのこうのではなくて、どんなリーダーもが難儀する超難関プロジェクトなのですね。

けれども、モディ首相がそれくらいインドを劇的に変えないと、言葉を換えるとインドの**ハイジーン（hygiene：衛生度）**全体を底上げしないと、インドには本物の製造業が根付かないわけです。インドに進出したくとも、できない。外国の主たる製造業がインドを生産拠点にしなかった理由はいまだにそこにあるし、それは紛れもない事実でもあるのです。

私が知っているインドとビジネスをしている人たちのなかには、インドを嫌っている人たちが少なからずいます。ハイジーンの問題で、正直、インドに行きたくはないと言っている人もいます。インドが抱える大きな課題はそこにあるのだと思います。

過去にインドは人口抑制政策に失敗しています。インフラを全部きれいにつくれなかったのが、その大きな理由となったようです。結果的に、インドは中国のような共産主義国家でなかったため、いろいろな意味で物事が進みにくいのだと推察されます。

今後ハイジーンの問題を大幅に改善できた場合、インドは生来のポテンシャルを発

揮でき、爆発的に経済が伸びると、私は捉えています。

▼市場を舐めたFRB

今井：ここからはFRBについてお聞きしたいのですが、2023年前半にシリコンバレー銀行やシグネチャー銀行をはじめ米国内の中堅銀行が次々に破綻しました。FRBが急速に金利を上げていくなか、銀行側の保有債権が含み損を抱え、それがSNSなどを通して取り付け騒ぎに発展したのでした。

今回の破綻で特徴的だったのはデジタル時代における銀行の追い詰められ方でした。1~2日で中堅銀行の持ち金が数十兆円もなくなってしまうというスピード感でした。米銀側はこうした経験が乏しかったため、FRB経由で各行が支援を求めても、対応できなかったようですね。

エミン：米国の場合、米国の金融機関が破綻した場合、米連邦預金保険公社（FDIC）が一定額の預金などを保護するための預金保険制度を運営するとされています。**ただ**

し、**ＦＤＩＣが確保しているお金は、米銀が持つ預金総額の1％以下でしかありません。ということは、今回のようなケースにおいては、早く破綻した米銀預金者のほうがまだ救われるわけです。**

銀行の破綻がドミノ倒しで続いていくとどうなるのか？　リーマン・ショック時を振り返ってみると、最初はベア・スターンズとかＡＩＧなどは救済されたけれど、リーマン・ブラザーズに至ったときには「もう破綻させておけ」といった世論が支配していたのですね。ですから、今後銀行破綻ドミノが起きるならば、そうした世論となる可能性が高いと私は踏んでいます。

私はこの問題は今後も相当の間くすぶると予測している一人です。また別の銀行が倒れて、それもまた救済したとしましょう。でも、どこかの時点で破綻銀行をかばい切れなくなるタイミングが訪れるということです。

今井：これはある意味ではＦＲＢの不手際でもあると思うのですが。

エミン：一つには、**ＦＲＢが金利を急に上げすぎたこと**です。なぜそうしなければならなかったのか。その理由は、ＦＲＢが金利を上げるべきときに上げなかったからです。本当は２０２１年中に利上げを開始して、その後緩やかに利上げをしていくならば、今回のような問題が起きずに済んだはずでした。

結局、景気が絶好調で市場もバブルになっているにもかかわらず、ゼロ金利にずっと置いたまま、ＦＲＢは〝必要以上〟に金融緩和をし続けた。ここまでやってもインフレにはならないと判断したわけです。

ＦＲＢは市場を舐《な》めた。これに尽きるのです。

これらはすべてＦＲＢの政策ミスといえます。それで慌てて１年間で５％もの利上げを行った。これだけのことをすれば、窮地に陥る銀行が出てきても不思議ではありません。

日本の１９９０年のバブル崩壊時を想起すると、三重野康日銀総裁は２・５％だった公定歩合を６％にまで引き上げたことで、当時の金融経済を完全に壊してしまった。今回の米国も同じ現象を起こしている。そう捉えれば、理解できるのではないでしょうか。

米銀全体に影響が波及したとは思いませんが、どこかで壊れる可能性は常にはらんでいると考えておくべきでしょう。

いまは利上げのチャンスか？

エミン：本来、中央銀行は政策金利を上げるべきときに、上げなければならないのです。日銀新総裁に就任した植田和男氏にとっては、いまは利上げのチャンスなのだと、私は思います。あまり待ってしまうと、今度は利上げができなくなってしまうでしょうから。

同氏は東大在籍中は天才の呼び声が高かった人物と聞いていますが、理論的にはわかっていても、さまざまな組織との絡みがあるから、なかなか実行できないのが現実です。メガバンクとか既得権益者とか経団連との間には難しい問題が横たわっているでしょうから。どの国の中央銀行総裁だって、金融引き締めなどやりたくはないはずです。

今井：今回の総裁人事は雨宮正佳副総裁に半分は決まっていたとされています。でも、それが覆ってしまったということは、たぶん雨宮さんが断ったのだろうと推測されます。それでああだこうだと言っているうちに、植田さんに総裁のオハチが回ってきてしまった。

エミン：おそらく外部からCEOを連れてきているようなものなのでしょう。嫌なことをやるには内部の人がやるんではなくて、社外の人を連れてきてやるのと同じ感覚ではないでしょうか。

雨宮さんだったら同じ組織内だから、植田さんはイケニエみたいなものだったのかもしれません。政治的な強いサポートがないと、たぶん思い切ったことはできないと思います。いまの岸田政権だと、植田さんのバックにそんなに強いサポートがあるとはとても思えない。黒田前総裁があれだけの金融緩和ができたのは、バックに安倍さんがいたからにほかなりません。

クレディ・スイス破綻の裏にある複雑な背景

今井：欧州の老舗銀行の一角、クレディ・スイスのほうはリーマン・ショック後から経営が相当傾いていました。聞くところによると、旧リーマン・ブラザーズから多くが移籍して、さまざまな悪事に手を染めた。マフィアのマネーロンダリングを手伝ったりして、金融当局からペナルティを食らっていた。

エミン：トータル・リターン・スワップという博打取引で台頭してきた私的運用会社アルケゴス・キャピタルの破綻時においても、クレディ・スイス側は相当やられましたものね。アルケゴス以外にも無謀な案件にいっぱい絡んでいたとされ、かなり闇は深いはずです。

ドイツ銀行もクレディ・スイス同様に危なかったのですが、昨年から懸命に組織改革に取り組んだ結果、14年ぶりに利益率が上昇するなど、最悪期を脱しつつあります。これはドイツ政府がバックにいることが大きいのでしょう。

知ってのとおり、その後クレディ・スイスはタダ同然の価格でUBSに吸収されました。相場は何事もなかったかのように飲み込んでいるけれど、私に言わせれば、リーマン・ショック時と同じようなことが起きているのです。**歴史あるスイスの名門銀行として鳴らしてきたクレディ・スイスが、あっという間にライバルのUBSに吸収されたのですから、我々は異常事態と捉えるべきなのです。**

とりわけ170億ドル（約2兆2600億円）相当のクレディ・スイスの**AT1債（債券と株式の中間的な特性を持つ証券のひとつ）**が〝無価値化〟されたことは、世界の投資家、金融市場に大きな衝撃を与えました。

今井：170億ドル（約2兆2600億円）相当のクレディ・スイスのAT1債は戻ってこないんですね。波及効果は甚大ではないでしょうか。あの駅伝で有名な青山学院大学の原晋監督が持っていたことが伝えられています。

エミン：前代未聞だと思っています。株式保有者にはお金が戻ってくるのに、債券保有者には戻ってこないのは、あり得ない話ですから。

クレディ・スイスに対しては政治的な思惑があったのかもしれません。というのは、同社の筆頭株主がアラブ系でしたからね。同社の債券をアラブ諸国がずいぶん保有していたのです。昨年来、サウジアラビアと中国がかなり接近して、原油取引を人民元建てで行う話が表沙汰になってきていました。

クレディ・スイスをああいう形で潰したのは、米国によるサウジと中国に対する見せしめでもあるという見方も広がった。一方、サウジは欧米に対して原油減産で仕返ししたわけです。まあ、〝泥仕合〟の様相と言ってもいいでしょう。

米国自身のコストは増えなくても、ガソリン価格が高まっていることに対して、いまのバイデン政権はきわめて敏感です。それに対してサウジを槍玉に挙げていたという側面があります。

いまや産油国に変貌を遂げた米国はサウジの顧客ではなくなってしまいました。サウジの一番の顧客は中国ですから、サウジが中国に秋波を送るのは当然といえば当然なのです。しかしながら、米国としてはこれまでサウジの用心棒として安全保障面で貢献してきたわけです。とりわけイランに対して、米国は大きな壁になってきました。

あとはサウジのムハンマド・ビン・サルマン皇太子はトランプ政権と親密であって、

いまのバイデン政権とは隙間風が吹いているという状況も影響しているはずです。

ただ、**今回の米銀の連続破綻を招いた要因の一つには、トランプ政権下でドット・フランク法**（2008年のリーマン・ショックの再発防止を目的に、オバマ政権が2010年7月に導入した包括的な金融規制法）**を改悪してしまったことがあります。**あまりクローズアップされていませんが、トランプ政権時のバラマキ政策、法人税減税なども米国のインフレを伸張させる原因になっていると思います。

マイナス金利政策には限界がある

今井：2023年5月のFOMC（Federal Open Market Committee：連邦公開市場委員会）で、FRBは0・25％の利上げを実施しましたが、どう捉えられていますか？

エミン：これはある意味、予想どおりでした。

拙著『エブリシング・バブルの崩壊』（集英社刊）に記したとおり、5・25％がちょうど2008年9月に起きたリーマン・ショック直前の金利水準なのです。FRB

はそこまでは政策金利を上げる可能性があると私は考えていました。

今回FRBが金利を急いで上げてきた理由とは、どのみち景気が悪くなるのだったら、ある程度利下げを行える〝バッファー〟があったほうがいいとする考えに依拠します。要は2％から利下げをするのと、5・25％から利下げをするのとでは、まったく効果が違いますから。結局、FRBとしては打つ弾が欲しいわけです。

今井：ただ、株価が暴落してしまう危険性がありますよね。

エミン：そうです。それはあります。

しかし、ある意味、日本が金融緩和を続けるなかで利上げをしない弊害はそこにあるのだと思います。というのは、ずっと金融緩和を続けていると、何かあったときに、景気が悪くなったときに対応できなくなることです。金融緩和をすることによって景気を良くするという手段が使えないのだから。

マイナス金利について欧米当局が実験した結果、マイナス金利政策には限界があることが判明しました。5％の金利をゼロにすると相当な効果が上がるけれど、0％の金利をマイナス5%にするのはシステム上不可能だし、したところでたいした効果がないことがわかったのです。

だから、それを考えると、**日本もある程度、金利の正常化を目指さなければならない時期に差し掛かった**と断言していいでしょう。そうでないと、景気が悪くなったときに、中央銀行が使える手段がないわけです。

量的緩和に頼り切っているから、それで債券市場が歪んでしまい、結局はそのうちに株式も債券も全部日本政府が持つことになって、価値がゼロになってしまう。

なぜならば、金融資産とは流動性がなくなってしまえば、価値を〝消失〟し、価格が付かなくなるからです。

▼ハイパーインフレか、ハイパーデフレか？

エミン：日銀はさまざまな債券を膨大に抱えており、そうとう財務バランスが悪化しているのは確かです。日銀は倒産するのではないかと指摘するシンクタンク関係者もいるようですが、それはないでしょう。日銀は政府から独立して動いているわけでは

ないから、倒産しそうになったら、輪転機を回せばいい。インフレにはなりますが。

その一方で、日本には財政法があって、日銀は勝手に国債を刷ってはいけないことになっている。だから、いったんは市中銀行に買わせて、それを買い取るシステムにしているのはどうか。そんな指摘もあります。

でも、それはどの国の中央銀行も同じで、プライマリーディーラーが国債を買って、中央銀行がそこから購入するという仕組みになっています。それでないと、量的緩和にはなりません。中銀が直接国の借金をファイナンスすることになるので、それは基本的に許されないからです。

18世紀のフランスでこれを行って、財政破綻した歴史があります。

今井：エミンさんはよくFRBは日銀の後追いというか、日銀の真似をしていると言われていますが。

エミン：ええ。次の暴落でFRBがどうしようもなくなり、打つ手がなくなったとき、FRBは日銀に倣って自国株式を購入するのではないかと思っています。日銀の金融緩和は**「ゼロ金利→マイナス金利→量的緩和→社債購入**（コロナショック時）**→株式購入」**という経緯で進めてきました。

米国の場合、社債購入と株式購入に関しては議会の承認が必要となります。それを議会が承認しなければならないほどの株価暴落に見舞われるかもしれません。結果的には日本のように、ETFを買い始めるという可能性はあるのではないか。私はそう思っています。

今井：そうなると、破綻する会社が増えますよね。

エミン：だから、それをしてしまうと、それこそハイパーインフレを起こしてしまいます。結局、〝借金〟は駄目だということに収斂します。現在、世界の負債総額は250兆ドルあるとされています。ということは、世界のGDPの3倍以上です。

この借金を消す方法は2つしかありません。

一つは、**ハイパーインフレを起こすこと。**

もう一つは、**ハイパーデフレを起こすこと。**

そのどちらかです。

ハイパーデフレになると、レバレッジで膨らんでいた分が消える。要は、借金の踏み倒しです。

日本が抱えている借金も同じです。日本は過去にハイパーインフレを起こして、借金を〝帳消し〟にしました。これは太平洋戦争終了直後のことでした。

さらに日本は明治維新のときにはハイパーデフレを起こしました。要は藩が〝商人〟からの膨大な借金を踏み倒したわけです。

それで何が起きたのか？　江戸時代の商人を潰してしまった。

現在の日本の借金は1000兆円超で、GDP比256％と先進国では断トツです。**明治維新のときにはハイパーデフレで商人からの借金を踏み倒せたけれど、いまは不可能です。なぜなら、いまは一部の商人たちからの借金ではなく、〝国民〟からの借金だからです。**

そうするとハイパーデフレは選択肢から消え、やはり意図的にインフレを起こして、お金を滅茶苦茶に刷って借金を返していくしかないでしょう。

▼市場の〝派生商品〟に成り下がってしまった経済

今井：いまの時代に例えばFRBのボルカー議長みたいな人物が現れても、通用しないんでしょうね？

エミン：残念ながら通用しませんね。ボルカー氏が出てきた1980年代前半は、いちおう市場とはまだ経済を表していました。いま、市場は経済を表してはいない。市場が経済の派生商品ではなく、「経済イコール市場」になってしまっているからです。**要は経済が市場の〝派生商品〟に成り下がってしまっている。これが現実なのです。**

いかに私たちが〝不健康〟なシステムのなかにいるのかということです。

昔のウォールストリートはメインストリートの一角に過ぎなかった。ところが、現在のウォールストリートはメインストリートの中央部に入り込んでしまっている。これがいま私たちが生きている、すべてが金融で繋がっている世界なのです。

だってバカバカしくないですか？ 米国のブラックロックという世界最大の資産運用会社の預かり資産は13兆ドルもあるのですよ。もはや先進国を凌駕する資産、日本のGDPの2倍以上の資産を携えているのですから呆れます。現状ではブラックロックに続く資産運用会社はバンガードという、これまた米国の会社です。

今井：そういう会社はデフレを嫌がり、インフレはいくらでも歓迎するわけですね。

エミン：こうしたシステムがどこかで壊れたとき、ハイパーインフレが起きるか、もしくは壮絶なデフレに見舞われて、世界経済がクラッシュするのか。そのどちらかだと、私自身は予測しています。

今井：それはそう遠くない未来のことでしょうか。どちらが悲惨なのかといえば、スーパーデフレに見舞われたほうがより悲惨なのでしょうね。

エミン：そうですね。逆にモノが動かなくなりますから。世界経済がそれこそ鎖国下状態に置かれる。世界各国が、かつて米国がモンロー主義を通した時代のようになってしまうのは最悪です。

今井：モノが回転しない社会ほど悲惨なことはありません。

エミン：ということは、お金が動かない社会が訪れるのです。でも、インフレはインフレで大変でしょう。仮にさまざまなところでハイパーインフレ的なことが起きるならば、それこそかつてのワイマールドイツみたいに暴走する人たちが出現するでしょう。

というのは、**インフレはお金持ち、富裕層にとってはどうということはない。お金持ちはインフレ下では資産が膨張するので、インフレは全然気にしません。それどころか、大歓迎なのです。**

▼庶民の味方はマック、ネットフリックス、ドミノピザ

エミン：現実を見ればそれがわかります。

２０２１年、世界で一番のお金持ちはあのイーロン・マスクでなく、モエ・ヘネシー・ルイ・ヴィトン（ＬＶＭＨ）のベルナール・アルノー会長でした。世界に冠たる高級品を世に送り出す会社のオーナーの個人資産は１７０８億ドル（約23兆１４５０億円）に及んでいます。購入層は富裕層で、一般消費者が相手ではありません。これはインフレで潤っているのが富裕層である証左でもあります。

しかし、貧しい人たちにはインフレは大敵で、塗炭の苦しみを味わうことになるのです。なぜか。貧しい人たちは毎月の給料で暮らしていて、資産を持っていないからです。彼らが毎月もらう給料はもちろん、インフレに自動的に連動しているわけではない。

例えばコーラ1本が1万円みたいなことになりかねない。とてつもないスピードで可処分所得がどんどん減ってしまい、消費ができなくなってしまう。当然ながら、彼

らには猛烈なストレスがかかってきます。おそらくいまも相当なストレスフルな日常を送っている。

例えば、いまインフレ下の米国では、ごく一般的なレストランで朝食（目玉焼き2個、ベーコン、ハッシュドポテト、パンケーキ）を摂ると、35ドル（税・チップ別）は取られます。こんな価格設定がなされているなか、過去最大の格差社会を経験している米国内で社会不安が高まっているのは無理からぬことなのです。

でも、よく考えてみたら、妙な話ではないでしょうか。史上最低レベルの失業率にもかかわらず、各地で暴動が起きているのは。やはり、暮らすにあたって何もかも価格が上がっているからなのですね。

米国でずっと株価が上がり続けている企業の代表の一つがマクドナルド。他の上昇銘柄は調整を経ながら上昇するのですが、マックに関してはほとんど調整せずに上がり続けている。結局、マックの商品はいつの世も廉価なのですね。

マックに続く米国の庶民の味方は、やはり廉価で人気を博すネットフリックスとドミノピザでしょうか。2008年のリーマン・ショック時、大方の銘柄は記録的な暴落をしたのだけれど、逆に株価を上げたのがこの3社だったのです。

日本国債空売りの仕掛け

今井：いまは沈静化しているのですが、海外ファンドが日銀から日本国債を借りて（実際には日銀と取引のある日本の証券会社から間接的に借りる）、日本国債の空売りを仕掛ける動きがさかんにありました。

これはどういう構造になっているのでしょうか？

エミン：国債の空売りをしているのはおそらく海外のヘッジファンドとかでしょう。日本の証券会社にレンタル料を払って、市場で売っている可能性があります。

日銀が直接債券を銀行に貸し出すという話は聞いたことがありません。日銀は当然ながら、海外のヘッジファンドなどに貸すはずはないです。だって、それを空売りしているから、金利上昇圧力が高まってきて、結局、YCC（**イールドカーブ・コントロール＝中央銀行が特定の国債の利回りをターゲットとし、買い入れ操作を通じてその利回りをコントロールする金融政策手法**）の幅をいじらなければならなくなったのですから。YCCとは、長期金利と短期金利の誘導目標を操作し、イールドカーブを適切な水準に維持するものです。**要は、ＹＣＣを巡って日銀と海外のヘッジファンドは闘っているわけです。**日銀が直接敵側に国債を貸すことはあり得ないけれども、ただし海外のヘッジファンドが空売りするには、日本国債をどこかから借りなければいけません。借りるところは日本の債券保有者、もしくは彼らが当該債券を預けている金融機関になります。ほとんどの場合は証券会社でしょう。

そこで預かっている債券は生命保険会社のものかもしれないし、年金ファンドのものかもしれない。

無料サービスの裏側に潜むカラクリ

エミン：ただし、同じようなことが株の世界でも起きているのですね。私がすごく苛立っているのは、**まだみんな気付いていないけれども、我々が購入した株式がけっこう取引先の証券会社によって貸し出されていることです。**もちろん、保有者には知らされずに無断で。

なぜ私がそのことに気付いたのかというと、当該証券会社から送られてきた書類をチェックしたところ、〝貸株料〟が明記されていたからです。私が保有する日本の株式を外資の機関が空売りしており、当方に含み損が出ていたのが判明した。

おそらくこれは当該証券会社が自動貸ししていたもので、日常茶飯で行われていると思われます。もちろん、それが事前にわかっていて、株式保有者が証券会社に釘を刺しておけば、そういうことは未然に防げるでしょう。けれども、日本の投資家の大半は、こうしたことが日常茶飯で起きているのをご存じないでしょう。

大きな視点から言えば、空売りはどこかの時点で借り手に戻さなければならないことから、銘柄によっては結果的に市場の流動性を増やすことになります。けれども、それが小さな銘柄の場合は非常に悪質な行為になる。私はそう捉えています。

一部の超高速取引者は自社サーバーを東証のサーバーの横に置いており、東証への注文がまとまる前にその内容を把握していると言われています。つまり**フロントランニング（顧客からの注文を受けた金融商品取引業者が、顧客の売買を成立させる前に、顧客の注文より有利な価格で自分の売買を行うこと）**していると、一部識者から指摘されています。これが事実ならば絶対にやらせてはいけないことです。

いまの証券市場はまさしくミクロ・ナノ・セカンドの世界ですから、注文が先に来るのがわかっていれば、その前にビッドしてサヤで稼げるわけですから。

本当は取引コストが増えているけれど、それは見えないコストとして加算されている。一部の証券会社はそれを一般投資家には見えないように振る舞っている。

絶対にそれをやらせては駄目なんだけれど、現実には起きているし、日本だけでなく、米国でも起きています。

あの大騒動を起こした株取引アプリ、ロビンフッドのビジネスモデルがそれなのです。ロビンフッドは手数料を取らないでしょう。その代わりに顧客の注文データを全部マーケットメーカー（ファンド）に売っている。それでフロントランニングされているわけです。

この手のサービスがタダということであれば、そのサービスの利用者は本当の顧客ではなく、商品になり代わっているということです。

なぜなら、本当の顧客が別のところにいるからです。その本当の顧客とは、サービス利用者の注文データをサービス提供者から買い取って、自らの取り引きに活用している巨大ヘッジファンド運営会社、もしくは巨大トレーディング会社ということになります。誰かがこうしたシステムを「人身売買じゃないか」と言っていましたが、言い得て妙ではないでしょうか。

何かのサービスがタダだったら、「自分が商品だ」と思うことです。我々はＩＴエンジン会社のターゲット広告の協力者にさせられてきましたが、証券の分野でも同じ目に遭っているわけです。

ウクライナ戦争を終わりに導く米国の常套手段

ウクライナの戦乱について、私は防衛研究所の専門家10人くらいに会って、話を聞きました。2年や3年では終わらないという予測が大勢を占めていました。その論拠は、6兆円に及ぶウクライナ支援予算案が議会を通過し、膨大な裾野を持つ軍産複合体が活気づいていることで、この戦争が長引けば長引くほど彼らが儲かるからだというのです。

▼ウクライナの戦乱は「停戦」で終わりを告げる

私はあえて違うことを唱えています。ここに至って、さまざまな意味での〝兵糧攻め〟が効いてきているのです。

ロシアが提供するウラル原油は硫黄分が多いことから、WTI（米国の代表的な原油）の先物価格より30～40％も安く売られている。下手をすると採掘コストよりも安くなってしまう。2022年あたりからインドが原油輸入先をイラクからロシアに切り替えていますが、ロシアとしてはかなり厳しいのではないでしょうか。

次は**半導体**です。皆さんも記憶にあるかもしれませんが、ウクライナ軍がロシア製の不発ミサイルを分解してみたら、なんと家庭用冷蔵庫に使われていた古い半導体を修理用途に利用していることが判明しました。こんな事象からみて、侵攻の長期化でロシア軍の兵器不足は相当深刻であることが窺い知れます。これが2点目です。

あとは24年3月に予定されている**ロシアの大統領選挙の影響**です。ウクライナ紛争でロシア軍兵士として戦ってきたのはカザフスタン、タジキスタンなどの出身者がメインでした。

しかし、これだけ紛争が長期化してきたからには、いよいよロシア本体から徴兵しなければ追いつかなくなる。本格的に徴兵に乗り出すと、徴集兵の人権を守る活動をしているNGO団体「ロシア兵士の母の委員会連合」と真正面から対決することになり、これまでのように大統領選挙で圧勝はできないかもしれません。

私は2023年の暮れから来春にかけて、停戦、あるいは休戦という節目が訪れると予測しています。次の事象が私の説を補強してくれています。

ポンコツ兵器を供与する米国の魂胆

2023年3月上旬、米国防総省はウクライナに主力戦車エイブラムスを秋までに引き渡すと明らかにしました。在庫を活用し、2024年の供与予定を早めたのです。ここがミソで、**米国という国が他国に供与する兵器はほぼ寿命をまっとうしたポンコツ**なのです。案の定、こんな文献を見つけました。

国防総省は当初、エイブラムスの改良型「M1A2」を供与する計画だったが、旧型「M1A1」をウクライナに送ることにしたと。他の文献には、ロシア軍の手に渡り研究されないよう精密機器を取り除いたものとなろうとあります。要は廃車寸前の代物と理解したほうがいいのです。

これは米国の常套手段で、ポンコツ兵器の在庫がなくなると、たいていは自らしゃしゃり出て戦争、紛争を止めさせるのですね。本項の冒頭で防衛研究所の専門家の意見を紹介しましたが、私は米国民の厭戦感情には根深いものがあるので、ウクライナ紛争は来春にはいったん手打ちをする形になると予測しています。

ですから、**２０２３年の後半になったら戦争の復興銘柄が上がるでしょう。**

日立製作所、三菱電機、ＩＨＩ、コマツなどの重厚長大と５大商社。老婆心ながら申し上げておきますが、東芝は厳しいですよ。それから日本郵船などの船舶輸送もいいでしょう。

そして**重厚長大が多い日経平均が上がります。**日経平均のＰＥＲ（株価収益率）が12倍になってから３年くらい後で急上昇するんですね。

これはいわゆるアノマリー。

理論的根拠があるわけではないものの、よく当たるとされる経験則です。

エミン・ユルマズ

複眼経済塾塾頭
エコノミスト・グローバルストラテジスト
トルコ・イスタンブール出身。16 歳で国際生物学オリンピックの世界チャンピオンに。1997 年に日本に留学。1年後に東京大学理科一類に合格，東大工学部を卒業。その後同大学院で生命工学修士を取得。2006年野村証券入社。投資銀行部門、機関投資家営業部門に携わった後，2016年に複眼経済塾の取締役・塾頭に就任。
主な著書は『世界インフレ時代の経済指標』（かんき出版）、『大インフレ時代！日本株が強い』（ビジネス社）、『エブリシング・バブルの崩壊』（集英社）、『日本経済復活への新シナリオ』（KADOKAWA）、『コロナ後の世界経済（集英社）、『米中新冷戦のはざまで日本経済は必ず浮上する』（かや書房）、『それでも強い日本経済!』（ビジネス社）。
「日経ニュースプラス 9」「ウェークアップ+」などメディア出演多数。

第4章

どの角度から捉えてもやってくるインドの時代

対談　勝池和夫×今井　澂

中国という国がすべてについて敵か味方かの「オール・オアア・ナッシング」なのに対し、インドビジネスの専門家である勝池和夫さんは「インドの行動原理はバランス・オブ・パワーなんです」と対談中、幾度も繰り返していました。

順調に大国化の道を歩むインドを取り込もうと各国は必死のようですが、〝実利最優先〟のインドは容易にはなびきません。加えて、インドはもともとセルフリライアント（自己依存）を重視してきたことから、一筋縄では攻略できないのです。

インドがかつての中国と同じように長く2桁に近い経済成長を続けられると力説する勝池さんの論拠は、35％しかない都市化比率の〝低さ〟です。日本も中国も、爆発的な経済成長を遂げたのは、農村から都会へ人口大移動が起きた時期でした。中国の都市化率は現在63％ですから、印中両雄の勝負はすでに済んでいるわけですね。

勝池さんの話を聞いていると、日本にはインドの現状を熟知する専門家が圧倒的に足りないと感じました。

2027年にGDP世界第3位に躍り出るインド

今井：ついに人口で中国を凌駕したインドは経済面においても急拡大を果たし、2027年にはGDPで日本を追い越して、世界第3位に躍り出るといわれています。真偽のほどはいかがでしょうか？

勝池：あくまでも私見ですが、最低でもそのくらいにはなるはずです。インド最大級の企業であるリライアンス・インダストリーズのムケシュ・アンバニ会長によると、**インド独立100周年を迎える2047年には、インドのGDPは40兆ドルになりえるといいます。**昨年が34兆ドルでしたから、相当に強気な予想ですね。

アンバニ会長は昨年12月の大学での講演や従業員向けの会合で、「5000年に及ぶインドの歴史のなかで、これからの25年がもっとも大きく変容する時期である」と大号令をかけています。リライアンス財閥は石油化学、小売り、通信などの事業を手掛けていますが、近年は再生エネルギーを柱に事業モデルの転換を急いでいます。

そして、いまインド国内に最大の投資を計画しているのが、私がグループ企業のアドバイザーを務めるタタ・グループなんですね。今後5年間で900億ドル（約12・6兆円、1ドル＝140円）をインド国内に投資する計画を明らかにしています。1年間に180億ドルの投資は、過去10年間の平均投資額の2倍以上で、内訳は、携帯電話の部品、半導体、電気自動車、電池、再生エネルギー、電子商取引、軍用機など多岐にわたっています。

例えば日本のNISAやiDeCoの運用でもいいのですが、**インドへの投資に乗らないと世界から置いてけぼりを食らってしまう**。これが偽らざるインドの実状なのです。今後の世界経済はおそらく1～2％くらいの低成長が続くと思われますが、インドの場合は、かつての中国や日本もそうだったように、2桁に近い成長が数十年続く可能性があると個人的には思っています。

GDPランキングの推移

順位	過去と未来のインドの順位	国名	単位（百万US$）
1位		米国	25,464,475
2位	2047年（予）	中国	18,100,044
3位	2027年（予）	日本	4,233,538
4位		ドイツ	4,075,395
5位	2022年	インド	3,386,403
6位		英国	3,070,600
7位		フランス	2,784,020
8位		カナダ	2,139,840
9位		イタリア	2,012,013
10位	2012年	ブラジル	1,924,134

インドが上がり
日本が下がる

出典：IMFの資料に基づき作成

今井：日本では一部の経済メディアがインドへの投資を促していますが、決して手放しという感じではありません。実際には海外の投資家の動きはどうなんでしょうか？

勝池：時期的には昨年の11月くらいから、かなり活発化しています。私自身、インド株ファンドを立ち上げているので、海外投資家の熱い期待が手に取るようにわかります。最近の申し込み状況、SNSにおけるインドの取り上げ方とか、ユーチューバーの動きなどを見ていると、**完全に火が付いた**といってもいいでしょう。

2036年にはインドで五輪開催となるか？

今井：インドは2036年のオリンピック招致に動いています。

勝池：はい。それを念頭において、インドでは高速鉄道が2030年頃に開通するとみられます。同時に国内空港を80新設する計画です。だから、タタ・グループは旅客機470機をオーダーしたわけです。投資合戦はすでに始まっているんです。

たしかにインドの実状、盛り上がりの空気を知らない方、あるいは日本のメディアは、インドへの投資について「まだ早い」「安易な期待は危険だ」みたいな捉え方をされていますが、むしろ「安易な警戒は可能性を閉ざす」と感じます。

これまではいまのようにインドの財閥が動いたことはなかったですし、最近のインド人の自国に対する自信と高揚感はこれまで見られなかったものです。

最大の変化は、自国民が希望を持っていること。自国民がオプティミスティックになっている。つまり、マインドセットが変わったということです。

インド初の高速鉄道計画

出典：ナショナル高速鉄道の資料に基づき作成

今井：インドでのオリンピック開催が実現すればインパクトがあると思うんですけど、やるとしたら、開催都市はどこですか？

勝池：インド北西部に位置するグジャラート州の**アーメダバード**が有力候補です。ここはモディ首相の出身地であり、州首相を務めた場所でもあります。

　物流や電力のインフラはインド随一を誇っています。EV、環境、金融などのビジネスが盛んなところで、**「インドの深圳」**と呼ばれています。

インドシフトを急ぐ米国のハイテク企業

勝池：左ページの地図は17年前に私がインド株ファンドを立ち上げたときから使ってきた古い地図です。インドの面積は日本の約9倍もあります。

インドのように国土が大きく、歴史の長い国は地図で地理的に、そして年表で時間的に考察しないと、その経済の可能性が見えてきません。この地図では、インドの主要都市の状況や高速鉄道の計画などを示しています。**インドで建設中、もしくは敷設が提案されている高速鉄道は全部で13路線にも及びます。**

1本目は西部にあたるムンバイとアーメダバード間で約508キロ。東京～新大阪と同じくらいの距離で、現行在来線では7時間から8時間かけているのを、高速鉄道では2時間に短縮します。それが2030年頃までには全線開通する計画です。当初は2023年末が開通の計画だったのが、コロナ禍や土地買収に手間取って遅れていました。これが完成すると、かなりのインパクトとなります。

在来線特急の最高時速が140キロ。それが一気に320キロになります。これ

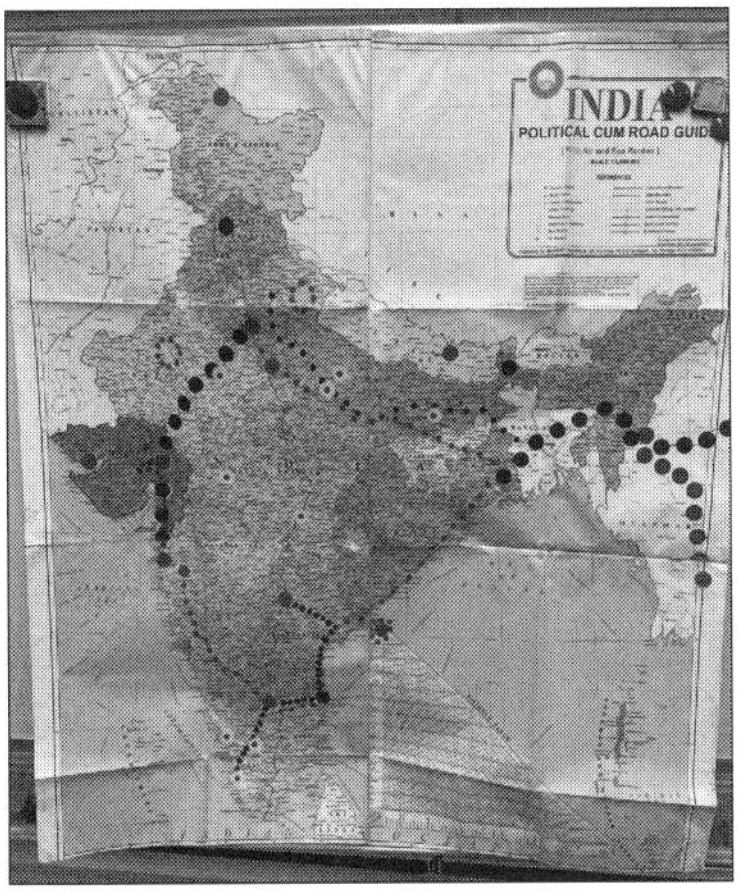

提供：勝池和夫

まではインドの鉄道は遅い、汚い、危ないといったイメージだったのがガラリと変わるんです。それと先にふれた国内空港の増設です。**いまはインド国内に１４１空港がありますが、この4～5年に80もの空港が新設されます。**

タタが４７０機を発注したと申し上げましたが、実際にはオプションがあって、プラス70機まで発注できるので、合計で５４０機を買うことになるかもしれません。ボーイングとエアバスです。

タタ・グループがそこまで国内に投資するのは近年になかったことで、今後は国内に軸足を移し、新規投資のうち77%が国内向けとなると報道されています。

一方、米国のハイテク企業のインドシフトは瞠目《どうもく》に値します。インド中南部のテランガーナ州およびアーンドラ・プラデーシュ州の州都であるハイデラバード市にはアマゾンが世界最大級、1万5000人を収容できるコーポレートキャンパスを開設しました。同市はいま世界でいちばんホットな都市と言われています。

先般、**米国の大手不動産会社が世界で約130の都市を念入りに調査した結果、もっともダイナミックな都市に選ばれたのがハイデラバードでした**。第2位がベンガルール、昔のバンガロールですね。第3位がホーチミン、ベトナムです。第4位がナイロビ、ケニア。第5位がチェンナイ、昔のマドラスです。

以上のように**ベスト5のうちの3つがインドの都市**になっているのです。

調査項目はさまざまで、航空機の利用者数、不動産価格、教育環境はじめ多岐にわたります。5年前の調査では、第1位がロンドン、第2位がシリコンバレー、第3位が北京、第4位が深圳、第5位が上海でしたので、様変わりしたと言っていいでしょう。米国のハイテク企業もシリコンバレーからインドに移動してきているわけです。

今井：本当に様変わりしているのですね。日本企業がいまだに中国ビジネスに未練を残しているのに比べて、米国のハイテク企業は足が速い。

勝池：今から20年以上も前ですが、私はカリフォルニアのシリコンバレーを訪問しました。西海岸のITやバイオなどのハイテク企業に集中投資する「ファンド・カリフォルニア」という新しいコンセプトの米国株投信の設立準備のためです。その当時は、まさに夢のカリフォルニアでした。**しかし現在、世界のイノベーションの中心は、シリンコンバレーからデカン高原にシフトしているようです。**ハイデラバード、ベンガルール、チェンナイやムンバイ、プネには、デジタル技術を活用したインドのユニコーン企業（評価額が10億ドル以上の非上場ベンチャー企業）の70％が集まっています。

この高原からインドの夢が大きく膨らんでいます。

「投機の時代」を経験することなく「投資」の時代に突入したインド

今井：インドには政治的な問題は発生していないのですか？

勝池：例えばモディ首相の支持率は２０２３年現在77％です。モーニング・コンサルトという米国のシンクタンクが、22人のグローバル・リーダーの支持率を毎週出しています。バイデンさんは40％、リシ・スナクさんはだいたい30％ですね。マクロンさんはこのところ支持率が急降下して25％、岸田さんは27％です。

モディ首相は今年に入ってから、グジャラート州首相を務めていた２００２年、同州で発生したヒンドゥー暴動でイスラム教徒が虐殺された事件に関して何もしなかったとＢＢＣに叩かれています。これは不正会計疑惑を報じられるインドの大財閥のアダニ・グループと同じで、西洋のメディアが少しやっかみを持って、モディ首相を扱っているのだと思います。

一方、インドの人々がモディ首相を評価しているのは間違いありません。停電を大幅に減らしたし、**生体認証を使って14億人の国民それぞれに固有のＩＤを発行する「アドハー」というシステムを「デジタル・インディア」政策で推進**し、インド社会を劇的に変えてくれたからです。これには日本のＮＥＣの技術が役立っています。

個人の資産運用でも、つい数年前まで銀行口座さえ持っていなかった人が、経済のデジタル化の恩恵や投資教育の浸透で、いまでは盛んに投資信託の積立投資

（SIP）口座を開設しています。**その数は6500万口座を超えました。日本の積立NISA口座数の7倍以上です。**もう一つ、インドの資産運用の特徴は、投資家が通常先行する「投機の時代」を経験することなく、一気に「投資の時代」に入っている点です。これも一つの「リープ・フロッグ（カエル飛び）現象」ですね。

加えて、コロナの感染対策が奏功したことも、モディ人気を支えています。一時は1日の感染者が30万~40万人もいて、ガンジス川に死体を流していた。それがいまは1日の感染者は100人以下が続いています。死者数も1日数人程度まで減りました。

2022年9月に自国の製薬会社バーラト・バイオテックが**新型コロナウイルスワクチン「インコバック」**の開発に成功したことも世界で注目されました。これがすごいのはネーザルスプレー、つまり鼻の中に噴霧して接種するタイプの経鼻ワクチンであることです。これは注射が不要で投与がしやすいので、新型コロナウイルスとの闘いを根本から変える〝ゲームチェンジャー〟になると期待されています。こうしたテクノロジーの面でも、インドはファイザーやモデルナを追いかけないで、〝自力〟で開発したことは大きな自信になったはずです。

それから、日本ではあまり伝えられなかったのですが、モディ首相が発揮した指導力でしょうか。ウクライナ戦火のなかに取り残された2万5000人のインド人と別の国の人々をインドに連れ帰ってきた「**オペレーション・ガンガー**」と言われる脱出プロジェクトをやってのけた手腕は世界から称賛されました。

カースト制度は成長の足枷となるか？

今井：カースト制は、インドの経済成長における足枷《あしかせ》にはなりませんか？

勝池：私はならないと思います。私が初めてインドに行った2006年、インドのGDPは世界で13位でした。それが2012年に10位、さらに2022年はイギリスを抜いて5位に躍進しました。**カースト制度がインドの経済成長の足踏みになっていない証左です。**なぜかというと、**カーストをめぐる差別はインドの憲法では禁止されています。カースト制自体はあるのですが、カースト差別は駄目なのです。**むしろ、私はカーストを一つの秩序のように捉えていました。ただ、これまでインドではカーストが秩序として根付いていたけれど、これからは大きく変わっていくはず。IT

の世界にはカーストなどないですからね。現にモディ首相にしたって、かつてはチャイ売り少年だったくらいで、カーストが低い一家に生まれ育っています。

最近のインドでは特に女性の社会参加が著しい。大統領も女性ですし、財務大臣も女性です。インド宇宙研究機関（ＩＳＲＯ）で無人月探査機の打ち上げを指揮している科学者も女性です。彼女はインドの「ロケット・ウーマン」と呼ばれています。

１９５１年にインドは初めての国勢調査を行いました。そのときの識字率は全体で18％、女性は８・８％でしかなかった。15歳以上の女性で10人に１人も読み書きができなかったんです。それがいまでは、人口の１割はかなりのレベルの英語を喋る。そのうちに米国よりもハイレベルの英語を操る人数が多くなるかもしれません。

女性の活躍はめざましいです。カマラ・ハリスにしたって、ニッキー・ヘイリーにしたって、彼女らの先祖はインド人で、米国に移民して生まれたわけでしょう。それがすでに副大統領になっているし、今度の共和党の大統領候補になるわけです。そんなことは夢にも思ってなかったでしょう。男性では英国の首相になったリシ・スナクしかり。かつては「インドの政治家なんて藁人形《わら》のようだ」とチャーチルに馬鹿にされていたんですから。

カーストの話に戻すと、カースト制度の問題はまったく残らないというわけではないでしょう。けれども、インド経済の中身が大幅に変わり、国民それぞれの生活レベルが上がっていることから、私はインド社会の足枷にはならないと捉えています。

都市化比率の〝低さ〟が最大の魅力

今井：中国と比較した場合のインドの今後の成長はどのようにお考えですか？

勝池：同じ人口14億でも、インドと中国では大きな違いがあります。

一つには**平均年齢が10歳も若いこと**。インドは2050年になっても平均年齢は38歳です。インド経済の青春時代はことのほか長いのですね。

そして**中国との最大の差異は都市化の度合いです**。

中国の場合、都市化比率が63％ですから、人口の3分の2は都市部に住んでいて、3分の1が農村部なんです。それがインドの場合は真逆で、現在は人口の3分の2が農村部に住んでいます。都市化比率は35％しかありません。

この都市化比率の〝低さ〟がインドの最大の魅力なのです。

日本においては1964年の東京五輪と東海道新幹線の開通で都市化比率ががぜん伸びてきた。それを境に農村部から出稼ぎ労働者が都市に殺到して、日本の奇跡の10％成長があったわけです。中国もそうでした。鄧小平の改革開放によって都市化比率が猛烈に伸びて、年平均十数％成長が四半世紀以上にわたって続いたのです。

国連は、2050年にインドの都市化比率が50％に達するまでに4億人の人口が都市部に流入するだろうと予測しています。

今後27年間で世界最大の都市部への人口移動になるだろうと示しています。そうなれば、インド経済への影響は膨大なものとなるでしょう。不動産価格、個人消費、インフラ投資など、国の経済基盤を支える、ほとんどすべてが大きな刺激を受けます。

よく私は「人口」と「テクノロジー」を武器にするインド経済を、メジャーリーグで大活躍する大谷翔平選手と同じ〝二刀流〟だと説明しています。経済の二刀流だと。人口でついに中国を上回ったインドには巨大な内需が発生するでしょう。テクノロジーでは、米国を急速に追い上げています。そして、その二刀流が世界最大の民主主義というスタジアムで圧倒的なパワーを見せつけています。

今井：ところで、インドの高速鉄道はどこの技術供与を受けるのですか？

勝池：日本のJR東日本です。ムンバイ市内の新都心BKC（バンドラ・クルラ・コンプレックス）というところに始発駅ができます。私は建設予定地を見に行きましたけど、そのBKC地区で住友不動産が5000億円をかけて都市開発を行います。空港に近い場所です。高速鉄道の駅は地下にできる計画。

これまでのムンバイを代表する駅舎はヴィクトリア女王の在位50周年を記念してつくられた古めかしいもので、ムンバイの世界遺産になっています。それとはまったく違う、近代的な高速鉄道の駅の建設がこれから行われる予定です。

ジャガーを傘下に収めるタタ・モーターズ

今井：勝池さんがアドバイザーをされているタタ・グループは相当な歴史を持っているんですね。何でも創業者が日本であの渋沢栄一と会っていると聞き、驚きました。

勝池：タタ・グループは1868年の創業で、ジャムシェトジー・タタ氏が創業者です。彼が、インド人の商人として初めて日本に来て、渋沢栄一さんに会っています。インドの綿花を日本に輸出するビジネスを持ち掛けた。

そこで1893年には日本郵船と提携して、神戸・ボンベイ航路を開設したのです。たしか船の名前は広島丸でした。そういう面では、日本とは因縁というか縁がありま す。1903年に当時東洋で一番と言われたホテル、タージマハル・ホテルを開業させています。

今井：タタ・グループも香港の李嘉誠の長江財閥のようなコングロマリットと考えていいのでしょうか？

勝池：その通りです。ただ、タタの方がはるかに歴史が長く、事業分野が広い。1991年にインドの経済自由化がスタートした後は、同年に会長に就任したラタン・タタ氏の指揮の下で事業の多角化に拍車がかかり、グローバル企業として成長を続けています。
タタ・グループは10業種、主要企業30社で構成され、中核となる企業は自動車メーカーのタタ・モーターズ、情報技術サービス会社のタタ・コンサルタンシー・サービシズ（TCS）、製鉄会社のタタ・スチール、電力会社のタタ・パワー。**グループ全体の売上は、これらの中核となる企業が8割を占めます。**

なかでも日本人にも馴染みが深いのは、タタ・モーターズの小型自動車の「ナノ」ではないでしょうか。実は私もハイデラバードで試乗しました。

ナノは2008年から2018年まで市販され、当時は10万ルピー（約28万円）という安さが世界的に評判となりました。ご存じない方もいるでしょうが、英国の高級車メーカー「ジャガー」を米国のフォードから買収、いまはタタの傘下になっています。

2023年6月時点におけるタタのインド国内の乗用車販売シェアは14％（第3位）。マルチ・スズキが41％でトップを走っていて、第2位は韓国の現代（ヒョンデ）の15％。**しかし、EVとなるとタタの独走でシェアが約9割なんです。**最近、テスラもインドに工場建設をしたいと表明していることから、これから人口14億のインドのEVシェアは世界の注目の的となるでしょう。

さまざまなジャンルにわたるタタ・グループ

テクノロジー	TATAコンサルタンシー・サービスシズなど
鉄鋼	TATAスチール
自動車	TATAモーターズなど
消費・小売	TATAコンシュマー・プロダクツなど
インフラ	TATAパワーなど
金融サービス	TATAキャピタル、TATAアセットマネジメントなど
航空宇宙・防衛	TATAアドバンスト・システムズ
観光・旅行	インディアン・ホテルズ、エア・インディアなど
通信・メディア	TATAコミュニケーションズなど
貿易・投資	TATAインターナショナルなど

出典：TATAグループの公式サイトに基づき作成

インド経済の弱点はどこにあるか？

今井：ところで、インド経済の弱点というか、懸念材料は何でしょうか？

勝池：弱点としては、インフラの未整備と、それによる製造業の弱さがよく指摘されます。しかし、インド政府が毎年発表している経済調査によると、家庭の電化、水道の普及、ハイウェー・ネットワークの構築、空港の建設などはモディ政権下でだいぶ進んでいるようです。懸念材料は、やっぱり中国やパキスタンとの国境問題。あとは財政赤字の問題もありますよね。国内で使う原油の80％を輸入に頼っていますから、原油価格が上がるとすぐにインフレになったり、財政赤字が急増するということはあります。

今井：それがリスクですか。

勝池：はい。外的な要因が主なリスクです。**地政学的リスクと、原油高と財政赤字。**もっとも、これらのリスクは日本にも共通して生じるリスクですね。

今井：中国の一帯一路に絡んでいるところはあるんですか？

勝池：中国とインドが一帯一路絡みで動いているプロジェクトはないはずですが、インドがいちばん気にしているのは、中国・パキスタン経済回廊でしょうね。新疆に近いウイグル自治区カシュガルからパキスタン国内を縦断し、アラビア海に繋ぐ約2000キロのなかでインドが自分の領地だと主張しているところを通るんです。

ここは中国にとってもきわめて大切なルートなんですよ。なぜかというと、東に向かうのにマラッカ海峡を通らなくて済むわけでしょう。うんと時間を短縮できます。ですから、これからもインドと中国の悶着はまだあるでしょう。

これからのインドはエネルギーとライフサイエンス

今井：インド人はかねてより数字に強く、子どもでさえ2桁や3桁のかけ算を瞬く間に暗算してしまう。そういう理数脳に優れるインド人は、日本人が考えにくい新しいソフトウェアを開発するのに適している。

したがって、インドという国は軍事で世界を制覇するような国柄ではありません。AI時代にふさわしいソフトで世界中を制覇する可能性が高いわけです。

現在は半導体が産業の要になっているけれど、そのうちにインドはAI分野で、世界でいちばん強い国になるだろうと私は思っています。

勝池：**「インドとは国のふりをしている文明だ」**と言われたりもします。私もそれにまったく同感なんです。文明は国よりはるかに複雑なので、そう簡単には理解できません。たしかにインドはＡＩとソフトウェアに強い。でも、それでは数百万人しか雇用を生み出せないのですね。インドは一つの分野で突出しようとは考えていない気がします。産業の「バランス・オブ・パワー」も考えている。

インドが本当に欲しいのは製造業なんです。インドの製造業はこれからだんだんと強くなっていくはずです。交通・電力などのインフラも整ってきていますし、政府が主導する生産運動型インニシアティブ（ＰＬＩ）という補助金システムも「メイク・イン・インディア」を後押ししています。タタ・グループのトップであるチャンドラ・セカラン会長が、今年のダボス会議でこんなことを語っていました。

「いま、世界では3つのトランジション（移行）が起きている。1つは**ＡＩへのトランジション**。次が**エナジー・トランジション**。つまり、再生エネルギーへのトランジション。もう一つが**サプライチェーン・トランジション**。より弾力性のあるサプライチェーンに変わる」

そして、こう続けました。

「インドはその3つすべてに貢献する準備ができている。当然、我々タタ・グループもそうだ」

例えばコロナワクチン一つとっても、世界の60%のワクチンをインドがつくっています。その60%の中の60%が、先に申し上げた鼻の中に噴霧して接種する経鼻ワクチンを含めて、ハイデラバードでつくっているわけです。

冒頭でふれたインドの大財閥のリライアンス・インダストリーズのムケシュ・アンバニ会長は、**「過去20年のインドは、ＡＩが支えるイメージだった。でも、これからはエネルギーとライフサイエンスだ」**と宣言しています。リライアンス財閥の時価総額は26兆円程度になります。

「次の10～20年の間に、リライアンスのように大きく成長する新しいインドの企業が、エネルギーとテクノロジーの領域から少なくとも20～30社は出てくるでしょう」とも会長は予想しています。リライアンスは石油化学、小売り、通信などの事業を手掛けるインドのトップクラスの大財閥です。近年は再生エネルギーを柱に事業モデルの転換を急いでいます。

ライフサイエンス部門についても、いまはワクチン生産が目立っていますが、今後は食料、医薬品、環境問題などの多様な分野に進出していくでしょう。

そういう意味では変な話、これからのインド経済は雑多な分野が混ざり合った、複数のスパイスが組み合わさった〝マサラ〟でつくられたカレーみたいになっていくと思われるのです。

4つの成長エンジンを備えている国はインドだけ

今井：勝池さんご自身は投信関係のお仕事が長いですね。例えば、年収が500万円の30代の人がインド株の投信を買おうと思ったら、どうすればいいんですか？
勝池：これを買いなさいと私は言いません。そういう立場にないですから。セミナーに呼ばれて話すことはありますが、それはインド経済の実状についてです。もしくはインドの株式市場についてで、我々の金融商品のことは話しません。私は全体的な話をするだけで、あとはご自分で決められたらいい。

なぜならば、30本以上あるすべてのインド株投信の細かな情報が開示されているからです。何の銘柄が入っているのか、コストから、パフォーマンスから、評判までね。

それでお考えになればいいことです。

資産運用に関して、**「コア・サテライト戦略」**という言葉をよく耳にします。

「コア」は守りの戦略で、長期的に安心できる世界株式のインデックス・ファンドなどが投資対象です。一方で「サテライト」は攻めの戦略で、積極的にリスクを取って市場平均を上回るリターンを目指すため、選別された株式などが投資対象です。

私の感覚では、**インド株の投資信託はコアとサテライトの「二刀流」です。**人口という内需を支える守りと、テクノロジーという未来を切り開く攻めが、大谷翔平選手のピッチャーとバッターのようにパワフルに躍動しているイメージです。

この二刀流を使いこなせるのは、世界でインドだけです。そして、これからの二刀流は２０２４年からの新ＮＩＳＡという新しいスタジアムで、さらに大きな活躍をしてくれると応援しています。

ＧＤＰの３％成長を時速30キロに見立てると、インドの速度は60キロ以上なんです。そしてこれからはだんだんと加速していくでしょう。中国はかつては時速100キロで走っていたけれど、現在は30〜40キロになってしまいました。もっと下がっているかもしれません。米国はどんなに頑張ったって、20〜30キロしか出ません。日本の場合は、ほとんど路肩に止まっているようなもので、なかなか走り出さないですよね。

今井：分散投資していれば、どれかが上がって、どれかが下がります。そうするとおしなべて、パフォーマンスが低くなってしまいがちになります。

勝池：そのとおりです。

いまのインドは西欧、米国、中国、日本の経済を発展させた**4つの成長エンジン**（**産業革命・インフラ整備・強いリーダーの登場・急速な都市化**）が同時に作動している状況にあります。世界のGDPシェア3％にまで小さくなったインド経済は、昨年7・3％程度まで拡大しましたが、これからはそれら4つの成長エンジンに加えて、世界企業のサプライチェーンのインドへのシフトも加速すると予想されるため、再びインドの世界

GDPシェアが2桁に達する日は近いのではないでしょうか。

4つの成長エンジンを備えている国は、世界中を見渡してもインドしかありません。

ところが、世界はサプライチェーンのこともあるし、中国と米国の確執の問題もあるし、どの国も以前ほどの成長は見込めません。成長率は下がるはずです。

世界全体の成長率が下がる段階において、かつての日本、中国並みの成長の可能性がある国があるとすれば、やはりインドしかないわけです。それなのに放ったらかしのパフォーマンスの低い分散投資を行うのはもったいなさすぎます。

米印の偉大なる投資家が嫌った過度な分散投資

勝池：米国のウォーレン・バフェット氏と、インドのウォーレン・バフェットと称されたラケシュ・ジュンジュンワラ氏は、株式投資において以下のような共通ポリシーを持っていました。

まず、**過度な分散投資はしない。**

バフェット氏は、「自分は意味のある金額のお金を、少数の会社に投資したい」と口癖のように語っています。彼自身の運用法は不変です。保有上位10銘柄で運用資産全体の9割近くを占めるような、限られた銘柄への長期集中投資を旨としています。

今井：また、バフェット氏は一時、こんな強い調子で言及したこともありました。「分散投資は〝無知〟に対する防衛だ。自分たちの行動を理解している者にとってほとんど意味がない」と。一方、日本では投資の専門家や金融機関の大半が、「卵をひとつの籠に盛るな」とやたらと分散投資を勧めています。

勝池：インドのジュンジュンワラ氏も、バフェット氏と同じ意味合いのことを料理に喩えて示していました。**「テーブルの上にはたくさんの料理が並んでいるが、自分が消化できる分だけ食べなさい」**と助言したのです。

2人とも成功の原点となったのが、食品銘柄への投資でした。

1972年にバフェット氏が見出したのは、箱詰めチョコレートの製造・販売の「シーズ・キャンディーズ」でした。同社のブランド価値に基づく価格決定力に着目したのです。同社への投資で得た8000％のリターンを、後にコカ・コーラなどの優良企業への投資に振り向けました。

ジュンジュンワラ氏の最初の投資の成功は1986年でした。ようやく紅茶ブランドの「タタ・ティー」がインド国内で浸透してきたと肌で感じた同氏は、10万円で株式投資を始めました。残念ながら、彼は昨年61歳で亡くなったのですが、亡くなったときの彼の家族の資産は8000億円になっていました。このように両氏とも**市民権を得たブランド価値のある個別企業への投資**が奏功したのでした。

もう一つの共通点とは、**両氏とも〝自国〟を信じていた**ことでしょう。

バフェット氏は、「米国の負けに賭けてはいけない」といった言葉をよく用いますし、ジュンジュンワラ氏は「インドを信じる」を合言葉にしていました。自国の未来を信じているからこそ、株式市場に波乱が生じても、自分が価値を見出した企業に対する長期投資の姿勢を崩さなかったのでしょうね。

最後にジュンジュンワラ氏が亡くなられる直前に残した言葉を紹介しておきます。

「インドの黄金時代はまだ始まったばかりだ」

▼インドの行動原理「バランス・オブ・パワー」

勝池：英語についても、10年後には、インドで英語を喋れる人はいまの4倍、約5億人になると各国シンクタンクから見積もられています。いまの米国の2倍くらいのインド人が英語を喋るようになるわけです。

これまでインドは他国からあまり研究されてこられなかった印象があるのですが、これからはインド人が英語で自分のことを説明する時代がやってくるんですね。

ご存じない方が多いと思いますが、米国の前トランプ政権には80人、現在のバイデン政権には130人のインド系アメリカ人が主要ポストを担っています。

実はバイデン大統領の祖先は1700年代にアイルランドから東インド会社のキャプテンとしてインドに渡り、インド人女性と結婚、その間に生まれた子孫がインドのムンバイに住んでいるのです。

インドは今年のG20の議長国になりました。その一方で、ロシアによるウクライナ侵攻をめぐり、欧米とロシアのどちら側にもつかない「グローバル・サウス」と呼ばれる新興国や途上国の代表格でもあります。

モディ首相は、このところ中国も含めて、「発展途上国が借りている借金を少しまけてくれ」みたいなことをさかんに言っています。そういう面では、**インドは西でも東でもないバランス・オブ・パワーの中心として、環境も得意のＥＳＧも含めてきわめてバランスが取れたセルフリライアント**（自己依存）**の国なのです。**

そして、インドは半導体、ＥＶ、ワクチン、再生可能エネルギー、ロケット、武器も自前でつくれてしまう国でもあります。

今井：インド人の考え方で、日本人では及びもつかないことを挙げるならば、それは何でしょうか？

勝池：インドは西側の対露経済制裁の流れに逆行して、ロシアから石油を買ったりしているため、インドは妙な国だと思われる人が多いのかもしれません。

なぜそんなアクションを起こすのかというと、**インド人はヒンドゥー教の聖典、紀元前４００年から紀元後４００年にかけて書かれた叙事詩の教えを元に行動してい**

るのです。その教えの基本が先に申し上げた「バランス・オブ・パワー」なんです。

インドのジャイシャンカル外相は自著『インド外交の流儀』（白水社）で次のように語っています。

「インドの歴史が示しているのは、我々は競争において『勝者総取り』のアプローチをとらないということにある」

これがインド外交の基本方針なのですね。

▼インドが多様性に富む秘密

勝池：米国では、多くのアジア系移民が成功を収めています。
しかし、その中で日本、中国、韓国などの東アジア系は、組織のリーダーとして注目される機会が少ないという研究結果が発表されています。マサチューセッツ工科大学のジャクソン・ルー准教授によるもので、この現象は**「バンブー・シーリング**（竹

の天井）」と呼ばれています。女性が昇進しづらい壁を指す「ガラスの天井」をもじってできた言葉です。

東アジア系は、儒教文化の影響が濃く、謙虚な振る舞いや、安定、調和が尊ばれ、自分の意見を述べることをあまり好みません。同じ民族同士で繋がりたがる傾向を示す「エスニックホモフィリー」が強く、米国のような人種の坩堝《るつぼ》のような環境では十分に力を発揮できないようです。その傾向は統計からも肯けます。

日本は９９％が同じ民族です。韓国も同様の傾向があり、中国も92％は漢民族だと同准教授は指摘しています。

一方、インドなどの南アジア系は、もともと自己主張が得意で、議論を好み、米国の文化の中でも違和感なく自然に振る舞えるそうです。

インドは、「多様性の国」とよく言われます。公用語は22ですが、主な言語が１００以上、その他にも約１６００の言葉が存在します。カーストの数は６４００、政党もすべてを含めるとなんと２０００以上もあります。

さらに、**インドが生物多様性の国であることも、頭の良さの背景です。**

インドの変化に富んだ地形や気候は、熱帯、温帯、高山地帯、砂漠地帯などを形づくり、そこにさまざまな動植物の生息区域が広がっています。インド国土の広さは世界の2・5%ですが、そこには世界の7%の生物多様性が存在しています。

つまり、インドは数えるものが非常に多く、そのことが頭脳を刺激し、インド人の頭の良さの〝土台〟を造ったのではないでしょうか。

子どもの頃から、そうした多様性に富んだ環境で育ったインド人は、自分と違う外観や習慣の人たちと接することに慣れています。英語力と理数力、それとこのような環境適応力に長けた彼らは、米国のハイテク企業のリーダーとしてだけではなく、政治の世界でも、組織のリーダーとして力を発揮すると私は考えています。

Column

インド企業とコラボして成功するのは？

一筋縄では行きそうもないインドを、わが日本に取り込むためにはどうしたらいいのでしょうか？　取材後の雑談のなかで、改めて勝池さんに迫ってみました。すると、彼は意外な言葉を返してきたのです。

「日本を俯瞰してみると、けっこう老舗が多いでしょう。例えば、全世界で創業200年以上の企業の65%は日本にあるといわれています。西暦578年創業の世界最古の企業とされる金剛組はじめね。

それに対してインド初の民間企業は1700年代に生まれて、イギリス海軍や東インド会社の船を造っています。インドには近代のスタートアップ企業は山ほどあるのですが、これぞという老舗が見当たりません。つまり日本は老舗の国、インドはスタートアップの国なんです」

そして、勝池さんは、インド人から見た日本とは、「匠の技を磨く場所」だと続けました。

「インドの人たちの感覚では、例えば食の分野ならば、〝発酵〟がいかにも日本的な〝縦軸の世界〟のものだと捉えています。醤油、味りん、酒など、日本の気候に根ざして、ずっと長い間育んできたものが、自分たちとはまったく異質なのですね」

対するインドは縦軸の世界ではなく、スパイスを広げたような横の軸を得意種目としています。それはそうだなと思いました。インドが横にパッパッとつながるＩＴに代表されるグローバルビジネスに強いのは、当然といえば当然なのです。

なるほど、そういえば、縦横の日印の優れた世界をミックスさせた日本企業があります。国内米菓トップの「亀田製菓」です。ＣＥＯにインド人のジュネジャ・レカ・ラジュ氏を起用、グローバルフードカンパニーになると宣言しています。

ラジュCEOは大阪大学で世界トップクラスの発酵・微生物学を学んでいます。日本では発酵技術が綿々と受け継がれ、潰れないでやってきたところが、現在では先端のバイオ企業に変身を遂げている最中でもあります。

最後に勝池さんはこんなヒントを残してくれました。

「今後、日本企業とインド企業がコラボして確実に成功しそうな分野は、先ほど言った味覚を刺激する食品と、もう一つは触覚を刺激するものですね。例えば貼り薬とか……」

さあ、知恵を絞ってみてください。

勝池和夫（かついけ・かずお）

タタ・アセットマネジメント　アドバイザー
1978年青山学院大学卒業、新日本証券に入社。国際調査室、シドニー事務所などで海外市場の調査に携わる。1994年からは太陽投信の香港拠点で中国株投信を運用、業界No.1の実績を残す。その後、AIG投信を経て独立。コンサルティング・アジア社で中国ビジネスのコンサルティングを行う傍ら、中国株に関する講演等も行う。2006年には新光投信（現アセットマネジメントOne）に入社。中国、東南アジア、インド市場などへ投資する運用資産3000億円以上の株式投資信託の企画及び販売に注力する。2016 年からはインドのタタ財閥傘下の資産運用会社のアドバイザーを務めている。米国の南カリフォルニア大学経営大学院にて MBA 取得。

第5章

衝撃の2024年
──レールが敷かれている日本への資金シフトが始まる

対談　渡部清二×今井　澂

終章の対談相手は『会社四季報』を25年間1号も欠かさず読み込んできた日本株のプロフェッショナル、そして複眼経済塾という投資ビジネススクールの代表（塾長）でもある渡部清二さんです。先に対談相手となったエミン・ユルマズさんは同塾の塾頭を務めています。

彼は大病を含めさまざまな経験を積んだすえ、株式投資による見返りは、企業の成長と健康であるという考えに行き着いたと言及しています。

彼はこうも述べています。

「『四季報』読破を通して日本企業を知るほど、日本そのものへの愛が強まってきて、日本文化や歴史への探求心が抑えきれない」と。

彼が語った日本経済に対する展望は非常に理にかなったものでした。米中デカップリング化が進むなか、確かに世界のマネーは日本を目指さないわけにはいきません。

また、彼が探し出した日本株の推奨銘柄には唸らされました。さすがの眼力です。

今回の日本株の騰勢を完全に信じ切っていない個人投資家

今井： まずは私のほうから口火を切らせてもらいましょうか。

日本における株式市場の動向を大づかみに申し上げると、バブル崩壊後、約33年ぶりに日経平均株価は3万円を大幅に上回り、現在も急ピッチで上昇中です。

そういう流れなので、市場は非常に強気になりかけているけれど、私の見立てでは、どうも日本の個人投資家はこの間も売り越しに甘んじている。信用取引は増えているけれども、現物取引に関しては売り越し。

ですから、まだ日本の個人投資家は株式に本気になりかけているとはいえ、依然として今回の騰勢を完全に信じ切っていない。こういう段階ではないでしょうか。

そこで、ここでは、渡部さんのさまざまな見解を紹介しながら、最後は推奨銘柄までお伝えするという形で締めたいと思います。

知ってのとおり、株価は1株当たりの利益を投影することから、日本株の現在のＰＥＲ（株価収益率）14倍は、国際勢の常識に照らすと安い。適正水準は17倍程度ではないでしょうか。具体的には日経平均は3万7000円あたりまではすんなりと上昇していくのではないか。おおかたの知り合いの外国人投資家はそのような予測を掲げている次第です。

つまり、企業収益の増加をまったく見込まないでも、日本の評価が上がり、日本企業の株価が上がると、彼らは捉えているわけです。

さらに日本株の割安性について申し上げると、東京証券取引所上場企業のＰＢＲ（株価純資産倍率）は1・2倍とＳ＆Ｐなどと比べてかなり割安といえます。

これを意識してか、2023年3月末に東京証券取引所はＰＢＲが1倍を下回る上場企業に対し、「株価水準を引き上げるための具体策の〝開示〟を求める」と異例ともいえる要請に踏み切りました。

なにせＰＢＲ1倍割れ銘柄は、東証プライム市場の約4割を占めるとされています。対策のなかには増配を含めてさまざまな形で株主対策が施されることから、市場ではPBR1倍割れ銘柄への関心がいやがうえにも高まっているのです。

▼日米の株式市場の〝逆転〟が起きる2023年

渡部：ここで一つみなさんに確認していただきたいことがあります。

そもそも個人投資家の売り越しについては構造問題が横たわっていると考えています。簡単にいうと、個人投資家が上場したIPO株を新規上場で買い、それを市場に売却することで、常に売り越し状況になってしまうからです。

ですから、私は実はそれはあまり気にしていません。まず、それが一つ。

それから、実は2020年のコロナショックのときに自分がつくった資料で何を示していたかというと、**「2023年前後で日米の株式市場の〝逆転〟が起きるのではないか」**とする予測でした。これはそれ以降、一貫して変わっていません。

2020年当時の私の捉え方とは、コロナショックはブラックマンデーの〝再来〟ではないかというものでした。ブラックマンデーが起きたのは1987年10月。その後1990年まで日米一緒に株価を上げていき、1990年で米国株も日本株も下がったけれど、その後米国株は反発して上昇モードに戻ってきた。

一方、日本株はその後ずっと30年間ほぼ上がらない、長い低迷期を迎えています。要は1990年に日米株にクロス現象が起きたのです。

その前年、まさに1989年末の日米株式市場の状況はどうだったでしょうか。振り返ってみると、日本の株式市場の世界全体での時価総額シェアが50%でした。ちょうどいまがその逆で、2023年前半における米国株の世界全体での時価総額シェアが50%強と、30年前とまったく同じことが起きています。

私はそれが今度は日本株のほうにフォローの風が吹くのではないかと、もともと想定しているのです。

日本株が上がるための絶対必要条件は、巨大な資金シフトが起きることで、私はすでにその資金シフトが起きていると踏んでいる一人です。

いま運用しなければならないお金はだいたい100兆ドル、1・4京円程度といわれています。それを運用するためにどこに資金配分をしていくのか。おそらく日本株にとって有利なことが起きるのだと、私はほぼ確信しているところです。

例えば、それを直近のニュースで示すならば、いちばんわかりやすいのが、バークシャー・ハサウェイ会長のウォーレン・バフェット氏に関する記事が重複していたこと。そこなのです。実際の記事をご覧になってください。

私が代表を務める複眼経済塾では新聞の切り抜きを使って経済事象を解説する手法をとっています。4月12日（2023年）の日本経済新聞の記事の大見出しは**「日本株投資を拡大」**とあります。

ここのポイントは、バフェット氏の主な発言として、**「日本は米国外で最大の投資先」**と書いてあることです。そして、「金融不安、買いの好機」との中見出しが並んでいます。

続いて、翌13日（2023年4月）の日本経済新聞の見出しには**「市場変調　積極投資に転換」**とあり、同氏が株安時に投資を増やしてきた経緯を説明しています。**「買い14年ぶり規模　豊富な手元資金が支え」**という中見出しにも注目したい。いまから14年前とはどんな年だったでしょうか。2009年で、リーマン・ショックの翌年、株式は全部底をついた。大底をついた年でした。まさにそのときと同じシチュエーションにあるのが2023年の日本だという理屈をバフェット氏が述べている。

日本株投資を拡大

バフェット氏、商社保有7.4%に

来日インタビュー

米著名投資家のウォーレン・バフェット氏は11日、日本経済新聞の単独インタビューに応じ、日本企業について「考えている会社は常に数社ある」と追加投資を示唆した。すでに保有する5大商社株の保有比率はすべて7・4％（金庫株を除くベース）に高め、米国株以外では最大の投資になったことも明らかにした。「重要なのは良いビジネス、適切な価格、良い経営への投資だ」と、企業の本質を見抜くことの重要性を強調した。（関連記事3面、インタビュー要旨8面に）

「金融不安、買いの好機」

バフェット氏の主な発言

日本株	日本は米国外で最大の投資先。日本企業はかなりうまくやっている
	商社以外の投資先、考えている会社は常に数社ある
世界経済	経済の混乱は続くかもしれない。銀行の人は裸で泳いでいたといえる
	20年後や50年後に日本や米国がいまより大きくなっているということは確信が持てる
投資哲学	人々が恐怖にかられ、私が望む価格で何かを売りに来たときは貪欲に対応する
	今日が永遠に続くわけではないと理解することは重要。10年後、20年後がどうなっているかを真剣に考えることだ

米投資会社バークシャー・ハザウェイを率いるバフェット氏は、商社の保有を「とても誇りに思っている」と話した。着目した理由について「バークシャーと（事業が）非常に似ている」ため理解しやすいと説明。「将来、事業のパートナーとしての関係を築くことも不可能ではない」と、事業上のつながりを持つ考えを示唆した。

バークシャーは2020年8月にかけて伊藤忠商事、丸紅、三菱商事、三井物産、住友商事の5大商社株を発行済み株式の5％超取得し、22年秋にはそれぞれ6％台まで高めていた。バフェット氏は「日本や世界で展開している」「配当や自社株買いのために多くの資金を生み出している」との評価も示した。

世界の金融市場では、米シリコンバレーバンクなどの連鎖破綻をきっかけに、金融不安が浮上している。バフェット氏は「マネーが引き潮になれば誰が裸で泳いでいたかわかる」という自身の格言に絡め、「（破綻した）銀行の人々は裸で泳いでいた」と、金融緩和に油断して無謀な経営をしてきた地銀を批判した。

金融不安がいつまで続くかについては「わからない」と明言を避けた。ただ「人々が恐怖にかられ、私が望む価格で何かを売りに来た場合は貪欲に対応する」と、企業などを割安に買う機会を狙っていることを明かした。

世界的に方向感がはっきりしない株式市場については「市場がどうなるかの助言はできない」と語った。一方で「不動産に投資して人に貸すことも、債券の購入も預金もできる。だが人生を振り返ると、株式への投資がベストだった」と長期的な株の魅力を強調した。

そのためにも投資家として、企業の分析を尽くすことの必要性を強調した。商社の株保有も分析の結果だ。「購入を始めたときは、私にとって新しい企業ではなかった」と、長期間買う機会をうかがっていたことを明らかにした。

今後は「日本の全ての主要企業を観察するだろう」と日本株に関心を示した。投資する企業の条件は「事業内容を理解できる会社」と、株価が割安であることの2つだ。

数十年保有する銘柄を引き合いに「コカ・コーラもアメリカン・エキスプレスも、5商社も理解できた」「商社の株価が（購入した当時の）2倍だったら買っていなかった」と振り返った。

経営不振に陥った米地銀への投資を米バイデン政権と協議しているとも米国で報じられているが、この件は「コメントしない」とした。

岸田政権や植田和男氏が新総裁についた日銀については「必要なのは政府が民間企業を通じて経済を発展させることに賛同していると感じられることだ。その点では米国も日本も心地よい環境だと述べるにとどめた。

（本社コメンテーター　梶原誠）

日本経済新聞　2023年4月12日

バフェット氏 再起動 ▶上

市場変調 積極投資に転換

米著名投資家のウォーレン・バフェット氏が積極的な投資に動いている。米国の金融引き締めや金融不安で株式相場が崩れるなか、資源会社などの株を買い増した。11日には2度目となる訪日で、日本株への追加投資に意欲を示した。バフェット氏は次にどのような一手を打つのか、世界中の市場関係者が熱い視線を注ぐ。

「上場企業投資の利点、それは時として素晴らしい事業の一片を素晴らしい価格で取得しやすくなることだ。高値であれ安値であれ本当にばかげた株価がつくことがある」。2月25日公表の2022年次報告書に付した「株主への手紙」でバフェット氏はこう説いた。

バフェット氏は株安時に投資を増やしてきた

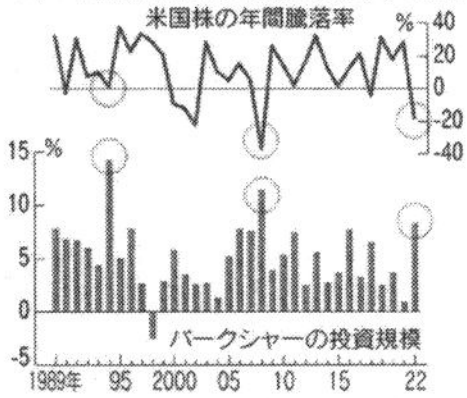

（注）米国株はS&P500の配当込みベース、投資規模は株式投資と事業投資の総資産比
（出所）QUICK・ファクトセット、会社資料

市場が過小評価した優良銘柄の発掘を続け、バークシャー・ハザウェイが保有する上場株ポートフォリオは22年末時点で3087億㌦（約41兆3000億円）に及ぶ。バフェット氏がバークシャーの経営権を握った1965年から22年までの同社の株価上昇率は年平均約2割。S&P500種株価指数（配当込み）の年平均9・9%の2倍のペースで成長を続けた。とりわけ逆風下でバフェット流投資は真価を発揮してきた。

配当込みS&P500が18%安に沈んだ22年を通じ、バークシャーは株式投資と事業投資に計785億㌦（約10兆円）を投じた。総資産の8・3%に相当する規模で、同比率はリーマン・ショックの08年（11・5%）以来の高さだ。保険会社アレゲニーを約116億㌦で買収したほか、石油・ガス大手シェブロンやオキシデンタル・ペトロリアム、メディア銘柄のパラマウント・グローバルなどを買い増した。

買い14年ぶり規模 豊富な手元資金が支え

攻めに転じ、蓄積した現預金が減少した
（米国短期証券含む現金同等物）

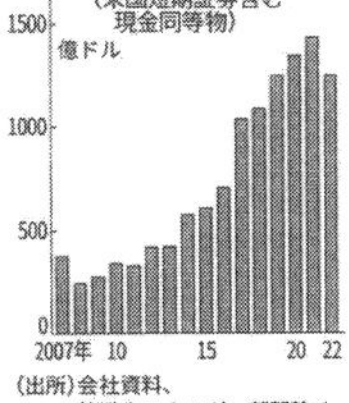

（出所）会社資料、鉄道やエネルギー部門除く

23年もバークシャーの投資意欲は衰えていない。米有力地銀シリコンバレーバンク（SVB）破綻や欧州金融大手クレディ・スイスの経営危機で米欧の金融システムに亀裂が生じた3月、米証券取引委員会（SEC）への開示資料によるとバークシャーはオキシデンタル株を10億㌦相当買い増し、保有比率を約24%に引き上げた。

苦境の銀行業界に助け舟を出そうとしたフシもある。SVB破綻直後には、バフェット氏がバイデン政権高官と銀行システム危機について協議を重ねたとブルームバーグ通信が伝えた。バフェット氏は11日の日本経済新聞のインタビューで、本件に関して「コメントできない」と応じた。

取材時には金融不安に関連し、「人々が恐怖にかられ、私が望む価格で何かを売りに来たときは貪欲に対応する」とも発言している。08年の米ゴールドマン・サックスの優先株50億㌦引き受けなど、過去の金融不安のたびにバフェット氏が果たしてきた役割を思い出した市場関係者は少なくないだろう。

バフェット氏は09年版の株主への手紙で「08年9月に金融システムが停止したとき、バークシャーは流動性と資本の供給者となった」と振り返った。「恐怖が市場を支配する情勢は投資家にとって最良の友」とも記した。足元の金融市場は小康状態を取り戻したかに見えるが、銀行業界への不安はくすぶり続けている。バフェット氏は危機下の投資機会を探っているに違いない。

機動的な投資を支えるのが圧倒的な手元資金だ。米財務省短期証券を含めた現金同等物（鉄道事業・エネルギー事業の保有分除く）は22年末時点で1250億㌦ある。緩和マネーが支えた長期の相場上昇局面では選別にかなう銘柄が乏しく、手元資金が積み上がりやすかった。22年の積極投資により21年比では減少したものの、なお総資産の13%を「投資待機資金」として保有する。

日本経済新聞　2023年4月13日

これがいちばんわかりやすい事例です。

▼2024年1月からスタートする国策版新NISA

渡部：4月11日（2023年）の日本経済新聞に掲載された「**ウォール街、瀬踏みの来日**」という記事は刮目《かつもく》に値します。

3月31日の各紙朝刊に載った岸田首相の動静が株式市場で大きな話題になりました。米ブラックストーンのシュワルツマンCEOが首相を訪ねた、と。同社は企業や不動産を軸に1兆ドル、約130兆円を運用しています。2年前、日本でも8つのホテルを一括買収して注目を浴びました。

同日にブラックストーン最大のライバルである米KKRの創業者の一人であるヘンリー・クラビス氏が来日、彼も日本の株式市場に注目していると語った。

さらにヘッジファンドの巨人シタデルの創業者・CEOのケン・グリフィン氏も同じく来日し、15年ぶりに日本で拠点を開くと発表しています。シタデルの特徴はユダヤマネーを運用していることなので、ユダヤマネーの日本への本格的な資金シフト

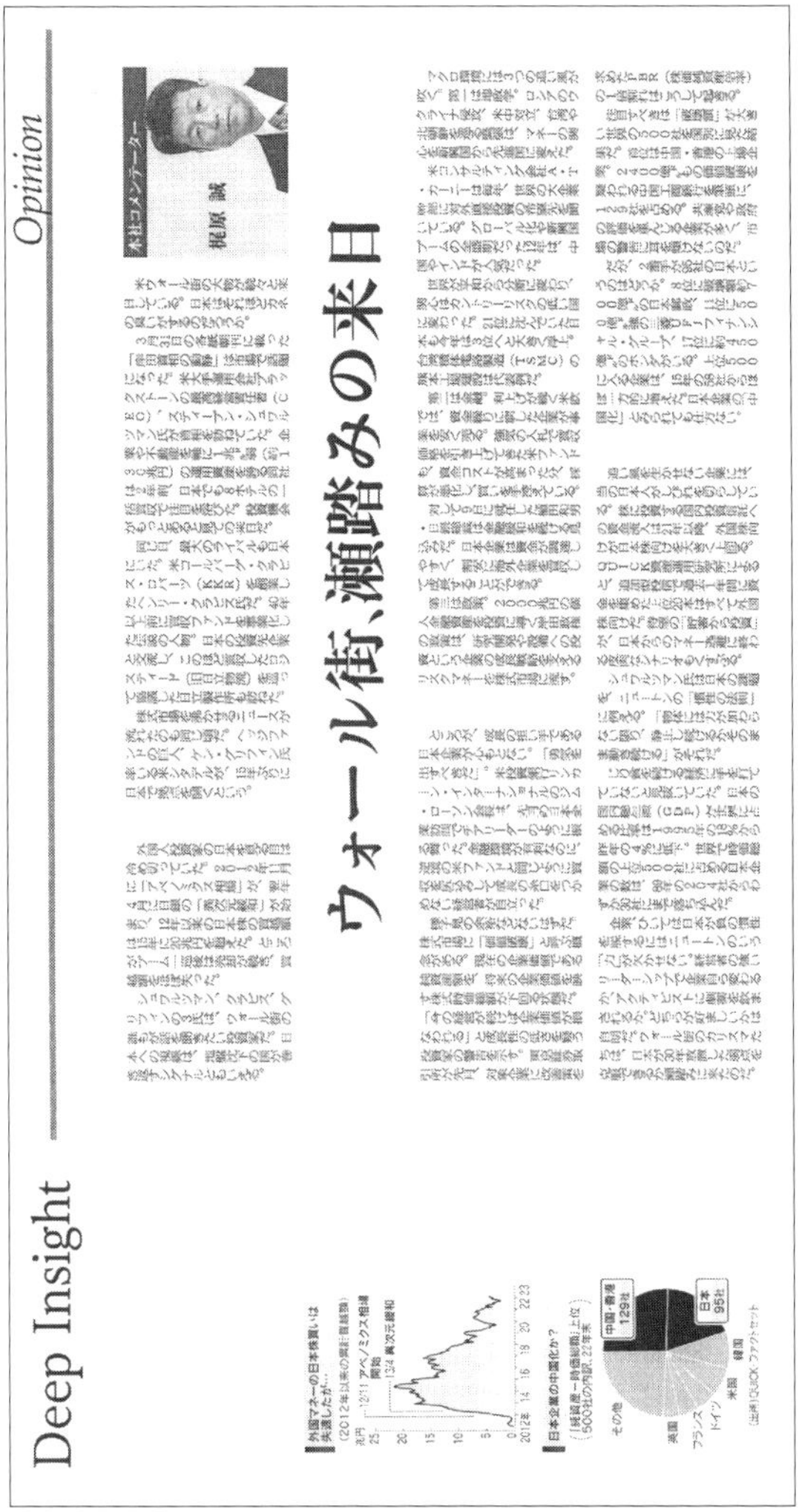
Deep Insight
Opinion
本社コメンテーター
梶原 誠
ウォール街、瀬踏みの来日

日本経済新聞　2023年4月11日

を暗示していると考えるべきでしょう。

また、4月22日（2023年）の日本経済新聞のスクランブル欄には、**「アクティブ投信　復活の機運」**の記事が掲載されていました。

日本もこれまでとは様変わりします。2024年1月から新しいNISA（少額投資非課税制度）が始まります。3月29日（2023年）の日本経済新聞には**「NISAはや争奪戦」**の見出しが躍っています。

2024年からの新NISAはまさしく〝国策〟となるのです。

一定の投資信託が対象の「つみたて投資枠」と上場株や投資信託が対象の「成長投資枠」がスタートします。年間投資枠はつみたて枠が現行の3倍の120万円に、成長枠は2倍の240万円になります。

同記事によると、一生涯に非課税で保有できる総枠も増額する。現行は上限が800万円か600万円のどちらかだったのが、24年からは1800万円に拡大されることに。政府は資産倍増プランとして今後5年間でNISA口座数を3400万、投資額目標56兆円とそれぞれ倍増を目指す。これが国策なのだから、この記事はある意味、従来とは桁違いの迫力が感じられます。

スクランブル

アクティブ投信 復活の機運

日本株に投資するアクティブ投資信託への見直し機運が高まっている。大手運用会社の老舗アクティブ投信は資金流入額が約17年ぶりの規模に達した。東京証券取引所が低PBR（株価純資産倍率）銘柄に改善を促したことなどが追い風となり、個人マネーを引きつけている。隠れた優良株を見抜く選別眼が再評価されれば、日本株再興のきっかけになりうる。

「久々に上位に来ているのを見て驚いた」。投信の資金フローを分析するアナリストが目を見張ったのは、野村アセットマネジメントが運用する古参の投信「ノムラ・ジャパン・オープン」だ。2月に同投信には約17年ぶりの規模となる105億円の資金が入り、純流入額は国内株アクティブで首位と復活の狼煙（のろし）を上げた。

ノムラ・ジャパン・オープンの設定は1996年にさかのぼる。純資産総額は99年末のIT（情報通信）バブル期をピークに縮小の一途をたどり、半ば「忘れられた存在」だった投信が、再び脚光を浴びたのはなぜか。理由の一つは運用体制の見直しだ。

昨年4月から日本株運用歴20年の福田泰之氏をチーフ・ポートフォリオマネージャーに起用し、機動的なポートフォリオの入れ替えに乗り出した。「22年は金融などバリュー（割安）株にシフトし、今年3月には金融不安に対応して電気機器へと入れ替えた」（福田氏）。保有上位の日立製作所は21日、5日連続で年初来高値を更新した。

「隠れ優良株」にマネー流入

さらに、市場環境の変化も追い風になった。「米国株パッシブ投信にポートフォリオが偏りすぎていた個人が、日本株に関心を寄せている」（野村AMの阪上亮太氏）。

昨年以降の世界的な金利上昇で株価指数を押し上げていたグロース（成長）株が下落し、指数に連動するパッシブ運用のパフォーマンスが悪化。パッシブ「一辺倒だった投資家も、資金の振り向け先としてアクティブに注目し始めたという。

日本は株式ファンドの純資産総額の約8割をパッシブが占める。日銀の上場投資信託（ETF）買いや年金積立金管理運用独立行政法人（GPIF）の影響が大きく、世界的に見ても特異な「パッシブ大国」だ。

だが、実は日本株アクティブは運用成績が特別悪いわけではない。S&Pダウ・ジョーンズ・インディシーズによると、運用成績が市場平均を下回ったアクティブの割合は過去10年で7～8割程度。3年以上の長期平均では他の国・地域より良好な成績だ。

三菱UFJ信託銀行の芳賀沼千里チーフストラテジストは「日本株はアルファ（超過収益）の宝庫だ」と指摘する。日本企業のアナリストカバレッジは1社あたり平均人数が大型株で欧米の6割にとどまり、小型株になるほど割合は低い。

「アナリストが少ないほど業績予想の正確性が低下し、実績との差異（かいり）に対する株価の反応は強まる」（芳賀沼氏）。市場の価格発見機能の弱さが、かえって隠れた優良株の発掘機会を増やすというわけだ。

これまでアクティブ投信は、信託報酬が高い割に市場平均に勝てないとして「コスパ」の悪さから敬遠されがちだった。日本のパッシブ偏重は一朝一夕には解消されない。だが、アクティブ投信が市場平均を大きく上回る運用成績を積み上げてマネーを呼び込む好循環が実現すれば、日本株再興への歩みは一歩前進するだろう。

（本脇賢尚）

日本経済新聞　2023年4月22日

NISAはや争奪戦

来年1月から恒久化

投資目標倍増56兆円

2024年1月から新しい少額投資非課税制度（NISA）が始まる。改正所得税法が28日、参院本会議で可決・成立し、制度の恒久化が正式に決まった。政府は資産所得倍増プランで、今後5年でNISAの口座数を3400万、投資額を56兆円にそれぞれ倍増する目標を掲げる。投資を始める人を1人でも多く取り込もうと、金融機関の争奪戦は早くも熱を帯びている。

最低投資額下げ課題

NISA口座の獲得に力を入れているのはインターネット証券。SBI証券や楽天証券など大手5社のNISA口座は22年12月時点で約800万と、約1900万ある全体（ジュニアNISA含む）の4割強を占める。

SBI証券は新たにNISA口座や課税口座を開設、ネット上のクイズに正解した人に2000円を贈るキャンペーンを実施。他社からの乗り換える場合も対象でキャンペーン経由での口座開設数は過去最高だという。同社の担当者は「かなり手応えを感じている」と話す。

楽天証券もNISA口座と総合口座を新規開設して投信の積み立てを始めることなどを条件に、最大10万2000円分のポイントがもらえるキャンペーンでアピールする。

対面証券は「非課税枠の投資額が小さい」などとして取り組みは遅れていた。新しいNISAは非課税枠が1800万円に広がり「資産形成向けのドアノックツールになる」（大和証券）と前向きな声も出ている。メガバンクや地銀など銀行勢も顧客獲得に知恵を絞る。

新しいNISAは一定の投資信託が対象の「つみたて投資枠」と上場株や投資信託が対象の「成長投資枠」をつくる。年間で投資できる枠は、つみたて枠が3倍の120万円に、成長枠は2倍の240万円になる。一生涯で非課税で保有できる総枠も増額する。現行は上限が800万円か600万円のどちらかだったが、24年からは1800万円に広がる。

「貯蓄から投資」を本格化する上で課題となるのが、日本株の最低投資額だ。日本株は100株単位で取引しており、1株単位で売買できる米国や欧州より最低投資額が大きくなりがちだ。

「ユニクロ」を運営するファーストリテイリングは3月1日に1株を3株に分割したが、足元の株価で計算した最低投資額は約280万円と、新NISAの成長投資枠の購入可能額（年240万円）を超える。工場自動化の波に乗って業績を伸ばすキーエンスやSMCも最低投資額が600万円を超えるため購入対象には入らない。

米国株はアップル株が2万円程度、マイクロソフト株は3万6000円程度で投資可能だ。10万円あれば世界のIT（情報技術）大手の株を複数持てる。あるネット証券では「投資のしやすさから日本株を飛ばして米国株から取引を始める人が増えている」という。

金融庁は成長投資枠で購入できる投信について、全体で約6000本ある公募投信の中から2000本程度に絞り込む方針だ。毎月分配や運用期間20年未満の投信は対象外になる。デリバティブ（金融派生商品）を組み入れる商品の扱いも厳しくし、米運用大手ピムコに運用を委託する外債投信なども対象外になる可能性もある。

2024年1月から始まる新NISA

	つみたて投資枠	成長投資枠
制度の期限	恒久的な制度に	
年間投資枠	計360万円	
	120万円	240万円
非課税保有期間	無期限	
保有限度額	計1800万円	
		1200万円
投資対象	一定の投資信託	上場株・投資信託など

（後略）

日本経済新聞　2023年3月29日

同記事を受けて、第一生命の菊田徹也社長がインタビューのなかで注目すべき発言を行っていました。「2027年3月末までに自社の株式時価総額を現在の2・5倍、6兆円まで持っていきたい」、続けて「2031年3月末には10兆円まで高めて、世界の大手保険会社と伍する存在になる」と。

菊田社長は資産運用のプロフェッショナルとして知られる保険業界の〝開明派〟として知られる。その菊田社長がこうした目標を堂々と打ち出したことは、すでに水面下では大変な資金シフトが始まっていることを想起させます。

▼これまでとはまったく異なる世界が形成される

渡部：さらに国策として、岸田首相は金融庁に対して運用会社の抜本改革をせよと発破をかけています。4月27日（2023年）の日本経済新聞の**「資産運用、規模劣る日本勢」**という記事をご覧ください。

世界の運用会社資産規模ランキングでは一目瞭然なのですが、日本は国際的にミドルクラスの運用会社が多いため、米国勢に経営体力、運用力で圧倒されてきたのです。

資産運用、規模劣る日本勢

首相、抜本改革を指示

岸田文雄首相は26日、金融庁に運用会社の抜本的な改革を進めるよう指示した。内向きになりがちな運用会社の姿勢にしびれを切らした形だ。日本は世界的にみれば中堅クラスの運用会社が林立し、経営体力で圧倒する米国勢と運用能力で差が広がる。運用力を早期に強化しなければ、2千兆円に達する個人資産が国内市場を一段と素通りしかねない。（1面参照）

能力差拡大 プロ人材育成急務

世界の金融機関の資産運用残高（21年末）をみると、首位のブラックロックは日本円換算で約1330兆円、2位のバンガードは1130兆円と米国勢が上位を独占する。日本では首位の野村アセットマネジメントでも75兆円にとどまり、順位も50位以下に沈む。

ブラックロックは豊富な経営資源を武器に世界の主要都市に拠点を設け、世界の株や債券、オルタナティブ（代替資産）で運用する体制を整える。ブラックロックの日本法人は投信や上場投資信託（ETF）の手数料の引き下げで競争をしかけるなど、日本でも存在感を高めている。日本の運用会社に世界をカバーする運用ノウハウはなく人材も不足する。自前で海外企業を分析して投資先を決めるのは限界があり、外国株で運用するアクティブ投信の流入資金の約9割は海外の運用会社に運用を委託する。国内運用大手が海外の運用会社に支払う委託料は、純利益を上回る水準にまで膨らんでいる。

近年、米国株などに直接投資する日本の個人投資家が増えているが、たとえ日本の運用会社のアクティブ投信を購入してくれても、その手数料の一部が委託費として、事実上、海外に流出しているのが実態だ。日本の運用会社は母国市場に2千兆円の膨大な個人金融資産を抱えながら、収益機会を二重にとりこぼしているといえる。

日本の投資信託で国際分散投資が主流になるなか、海外の運用会社に運用を実質的に丸投げする現状に金融庁は危機感を強める。ファンドマネジャーとして腕を磨く機会が少なくなれば優秀な運用人材は海外に流出し、世界のトップとの差は一段と広がりかねない。

金融庁はスチュワードシップ・コード（機関投資家の行動指針）を策定し、運用会社に投資先とのエンゲージメント（対話）を通して企業価値向上に結びつけるよう働きかける。運用会社でエンゲージメントに携わる人材は少なく、効果をうまく発揮できていない。

国内の運用会社の上位20社のうち7割は大手金融機関のグループに属する。グループ内では投信の売り手である銀行や証券の力が強く、商品開発や運用戦略も影響を受けやすい。世界の運用大手でみると9割弱は大手金融機関のグループに入らない独立系だ。

日本の運用会社の経営トップは、グループの役員異動の一環として決まる傾向が顕著だ。日本では7割以上の運用会社のトップが就任3年未満であるのに対して、世界の大手は5年以上が多い。日本では運用経験に乏しい人材がトップに就くケースもある。金融庁はトップの選任理由を明確に示すよう運用会社に求めている。

情報開示にも課題はある。海外ではひとつひとつの投信ごとに運用担当者の氏名を開示している。運用責任を明確にする狙いだ。日本でも運用責任者の一覧をホームページなどに載せてはいるが、投信単位での運用担当者の開示は少ない。

運用会社の改革が進まなかったのは、親会社である金融持ち株会社の責任でもある。銀行や証券を本流として運用会社を傍流とみなし、経営資源も十分にさいてこなかった。国を挙げて「貯蓄から投資」を進めるなかで運用会社の位置づけは以前より高くなってはいるが、人材などの不足感は払拭できていない。

金融庁は運用会社の人事や報酬制度を柔軟にして、グループ内での独立性を確保できるような取り組みも促していく方針だ。（湯浅兼輔）

日本経済新聞　2023年4月27日

彼我の差を早期に挽回しなければ、2000兆円に達する個人資産が国内市場をすり抜け、大魚を取り逃がす可能性は否めません。

早い話が、いつまで経っても存在感を示せない日本の運用会社に我慢の限界に達した岸田首相が、国策として「運用プロ育成が急務だ」と大号令をかけたということです。

このように国策がばんばん発令され、2024年1月から資産倍増計画がスタートするのが見えてきて、実際にお金も動いてきているのですね。

世界有数のデータセンターとなりつつある東京

渡部：加えて、インフラ投資についても凄まじいことになっています。4月9日（2023年）の日本経済新聞の「**データセンター 東京集積**」の記事によると、これから東京や近郊のデータ施設規模を示す電力容量が今後3～5年で倍増します。**現時点では北京が世界一のデータセンターなのですが、近年中に東京が世界一になると予測されています。**

金融センターになるために不可欠なのは、大容量のデータを高速処理できるインフ

チャートは語る

データセンター 東京集積

数年で倍増、アジア首位迫る 中国回避で「特需」

東京圏でデータセンター（3面きょうのことば）が急増している。施設規模は今後3～5年で倍に膨らんでシンガポールを抜き、アジア首位の北京に迫る見通しだ。デジタル化の加速で高まる需要が、経済安全保障の観点から中国を避ける流れにも乗って集まる。勢いを保つには、割高な電力コストを低減する構造改革も欠かせない。

グーグル、アマゾン・ドット・コム、NEC……。千葉県印西市には国内外のIT（情報技術）企業が使う巨大データセンターが立ち並ぶ。都心に近い上、地盤も固く自然災害や停電に強い。2021年に大規模データセンターを開設した豪エアトランク日本法人代表の松下典弘氏は「日本は需要の伸びも大きく、印西は戦略的な立地だ」と話す。

米不動産サービス会社クッシュマン・アンド・ウェイクフィールドによると、東京や近郊の施設規模を示す電力容量は22年末で合計865メガワットと、アジア最大の北京の半分だ。3～5年後には1970メガワットまで拡大し、北京（3～5年後に2069メガワット）の見通しに近づく。東京・多摩地区などでも集積が進む。

建設が増える第一の理由は日本国内の通信量の拡大だ。企業のデジタルトランスフォーメーション（DX）やリモートワークの普及が進めば、サーバーを稼働させるデータセンターの需要が膨らむ。データ流通の遅延や個人情報漏洩のリスクを減らすため、サーバーを海外から移す流れがある。

さらに中国回避の動きが追い風になる。米中摩擦が激化するにつれ、経済安全保障の観点から中国とのデータのやりとりを敬遠し、日本を選ぶ動きが出始めている。

日本は北米とアジアの両大陸の間に位置し、メタやグーグルといった米IT大手が膨大なデータを動かす中継点となる。世界の情報通信網に詳しい東京大学の江崎浩教授は「中国リスクの懸念が高まり、信頼できるアジアの玄関口として日本の重要性が相対的に上がった」と話す。太平洋で海底ケーブルの敷設は旺盛で、日本経由のデータ通信はさらに活発になる見通しだ。

中国は陰りがみえる。「新型コロナウイルス禍のロックダウンを受けて北京や上海でデータセンターの計画が頓挫した」（米クッシュマンのヴィヴェック・ダヒヤ氏）。2020年以降、北米と香港をつなぐ海底ケーブル計画の中断や見直しが相次ぐ。

日本にとってデータセンターの集積はデジタル産業の出遅れを取り戻すチャンスになる。大容量のデータを高速処理できるインフラが発達すれば「あらゆる産業のデジタルシフトが加速し、国際競争力が高まる。海外から優秀な人材も呼び込める」（江崎教授）。

今の勢いを維持するには割高なコストを抑える対策が欠かせない。

東京の電力コストは中国本土の2～3倍。データセンターは電力消費量が大きく、平均的に1棟を動かすために小型火力発電所の半分ほどの電力が必要とされる。電気代の高騰が続けば負担は大きい。電気料金や地価がより高いシンガポールでは、すでにマレーシアやタイに新設計画を奪われたケースがある。

資源高が電気料金を押し上げやすいエネルギー構造の改革が重要になる。再生可能エネルギーの普及や効率利用が求められる。

政府は大都市圏に集中するデータセンターの地方への誘致にも力を入れる。事業者は土地の利用コストを抑えられるほか、災害リスクを分散できるメリットがある。アジア各国との誘致合戦で優位に立ち、デジタル競争力で巻き返すための総合的な戦略が問われる。

（データジャーナリスト 武田健太郎、有年由貴子）

日本経済新聞　2023年4月9日

ラとされるけれど、これも早晩整備されるという話なのです。当然ながら、西側のデカップリング政策による中国回避の潮流も、日本にはおおいに有利に働いています。

これは私の妄想なのですが、おそらく香港はもうアジアの金融ハブにはなれないし、シンガポールもいまの状況だと地価や高い電気料金が足を引っ張って候補地にはなりにくい。

日本にこそ金融センターが移ってくるという準備ではないかという妄想も含めて、それが冒頭申し上げた**1990年以来の日米株式市場の大逆転が起きるとの予測**に繋がる次第です。

したがって、ここからの米国株はたぶん厳しいだろうと、私は捉えています。なぜなら、自国からお金が海外に抜けていくからです。そして、その抜けたお金は今回は日本に巡ってくる。

ということで、これまでとはまったく異なる形の世界が形成されてくるのです。

今井：なるほど。本書で嶋中雄二さんが語られたこと、つまり、結果的にはゴールデン・サイクルに酷似してくるわけですね。

▼米財務省の短期国債発行が招く金融波乱

今井：渡部さんのお話にちょっと付け加えます。

2023年6月、米国債が史上初めてデフォルト（債務不履行）に陥る事態が回避されました。それでは、これから米国では何が起きるのでしょうか。

おそらく**流動性の枯渇**です。

米国では、2022年10月から4月までの7カ月間で9645億ドルの欠損が出ました。これは前年度比で2・56倍と多額です。だから、共和党支持者の42％、民主党支持者ですら25％がもうウクライナへの援助をやめろと騒いでいるわけです。

それではそれだけの赤字をどうやって埋めるかという話になります。そこで米財務省は現在、利回り5％の短期債を約1兆ドル、本年（2023年）第3四半期の間に発行する計画を発表しています。機関投資家が魅力的な同短期債に飛びつくのは確実と思われます。

そうすると、従来の長期債と民間債はいわゆるクラウディングアウト、マーケットから弾き出される可能性が高い。つまり、2023第3四半期のどこかで、短期国債がマネーを吸い上げることで、長期金利の急騰、それに伴う株価急落、いわゆるドカンに見舞われるのではないかと市場は不安視しています。

だから、本書がちょうど上梓された直後くらいに、ニューヨーク市場はピンチに陥っている可能性がある。そのときには当然ながら、先刻ご指摘のあったブラックロックはじめ、さまざまな資産運用会社を介して、マネーを日本に逃がしているはずです。

私が何を言いたいのかというと、ニューヨークのほうは「ドカン」が来ても、日本は「ド」くらいで止まるだろうということです。

渡部：なるほど、私にもそういうイメージがありますね。

▼活発化するウクライナ復興計画と日本企業の出番

今井：その場合、そこで初めて日本の投資家も、世界の投資家も、日本のほうがさらに強いことを認識して、そこから先は上げが〝加速〟するのではないかとみています。

2023年の暮れから来年の初め、良い材料が揃いますよね。例えばニューヨーク株にしても、本年の第3四半期にドカンがあるにしても、来年つまり大統領選挙の年にニューヨーク株が下がった試しがありませんからね。

それから、私の持っている情報では、ロシアによるウクライナへの侵攻が停戦、あるいは休戦が来年の春に実現しそうだということです。

それには3つほど理由があります。

第1は、ウクライナの人口は3100万（2022年末時点）しかいないから、20代、30代の連中は枯渇していて、いまは40代、50代の兵隊が働いているわけです。どう考えても早晩人的資源がなくなるから、もうこれ以上は戦えないという状況に追い込まれます。

そうすると、国境の問題があるから、おそらく朝鮮半島方式で休戦協定を受け入れるという形が取られるのではないでしょうか。

第2には、先刻も申し上げた通り、米国のウクライナに対する軍事支援が途絶えることです。これまで米国は中古兵器、例えば戦車やミサイルなどをウクライナに供給してきたのですが、いよいよ年内には在庫が底を尽いてしまう。

そうなると来年の大統領選挙を前にして、与党民主党はウクライナに対するあらゆる支援を絞らざるを得なくなりますよね。来年の春には日本にとっても世界にとってもウクライナという最大の悪材料がシュリンクしていくでしょう。

そして3番目。2024年3月に、ロシアの大統領選挙が予定されているから、いくらなんでも年明け早々には停戦、あるいは休戦にプーチン大統領側も傾斜せざるを得ないだろうということです。

いま申し上げた3つの理由によりロシアのウクライナ侵攻が終わりを告げると、世界経済には非常に良い材料が提供されるのではないかと、私は予測しております。

これを見越して、実は米銀JPモルガン・チェースが約4兆円のウクライナ復興ファンドをローンチする計画を発表しました。続いて、世界首位の資産運用残高を誇る米ブラックロックがゼレンスキー大統領の個人資産運用に関する契約を締結したとの話が洩れ伝わってきました。

歴史はまったく同じことの繰り返しではないが、韻を踏むものです。だいたいそういう話題が賑わってくると、その後9カ月~1年ほどでトラブルは一件落着するのです。

これはウォール街の連中の読みと一致しています。

渡部：そうですね。私もウクライナ侵攻に関しては、たぶん朝鮮戦争のような結末を迎えるのではないかという気がしています。これはある意味で代理戦争ですから、背後に控える側の事情により変化が生じるのは当然でしょう。

今井：バフェット氏が日本の5大商社株を買ったのには理由があるんです。たしかにPERは安いし、PBRだって安いし、利回りも4・5％ある。割安です。加えて、先々ウクライナ戦が終わった後は総合商社の出番でしょう。

日本は国際社会から8000億円をウクライナ復興のために拠出してくれと頼まれました。ただしそれはお金で手当てするわけではなく、現物給付でしょう。そうすると、もちろん日本にはコマツ、日立工機をはじめとする建設機械業界、重電機業界に恰好の企業が勢揃いしていますが、同時にそれは総合商社の出番なのです。

そういうこともバフェット氏は横目で睨んでいるはずです。

渡部：おっしゃるとおりですね。**戦争とは結局は〝復興需要〟**なのだと思います。

今井：復興需要はもう何年も費やしますから、日本にとっては非常に良い話なのです。そうした直近のウクライナ復興銘柄も踏まえて、ここからは本章のまとめとは別に、渡部さんには日本人の個人投資家が絶対に見落としてはならないジャンルと銘柄を示していただきたいです。

ディープラーニング分野でのトップランナーは日本勢

渡部：ジャンルはもう明確でして、**AIと半導体**はその筆頭です。

まずはAIからいくと、いま話題のChatGPTなんですが、3月7日（2023年）の日本経済新聞が**「チャットGPT　米学校に波紋」**という記事を出しています。やはり、便利なチャットボットに子どもたちが依存し思考力を奪うとして、規制する動きが出始めているというのです。

ところが、その前の2月17日（2023年）の日本経済新聞には**「AI転換期　日本**

「思考力奪う」「デジタル教育の一環」

チャットGPT 米学校に波紋

【ニューヨーク=弓真名】人の指示に応じて自然な文章で質問に答えたり、画像を生成したりする自動プログラムの「ChatGPT」が、米国の教育現場に波紋を広げている。便利なチャットボットに子どもたちが依存し、思考力を奪うとして規制する動きが出始めた一方、デジタル教育の新潮流だと捉え、教育現場での活用を訴える声も上がっている。

ChatGPTは人工知能（AI）が膨大な情報を読み込み、パターンを認識することで質問に対して分かりやすく回答する。最新の時事問題や計算問題、「西と東の違い」といった言葉の意味を答えることは苦手とするものの、多くの質問にそれらしい回答をする。

ChatGPTが子どもの思考力や学習意欲に悪影響を及ぼしかねないとして、米国の教育関係者は懸念を隠さない。全米で最大の学区規模をもつニューヨーク市が公立学校における学校のネットワークと学校の端末を通じたChatGPTの使用を禁止した。西部カリフォルニア州や東部メリーランド州の一部の学区でも同様の動きが広がっている。

テキサス大学オースティン校でAIやロボット工学に関する倫理や社会的責任を専門に教えるテイナ・ピーターソン准教授は「ChatGPTは、文章の読み書きや批判的に考える力の育成を脅かす」と話す。カンニングのリスクも高まるため、以前まではオンラインで実施してきた中間テストを、紙とペンを使う教室での様式に変更する予定だという。

一方、ChatGPTをデジタル教育の一環として受け入れるべきだとの声も上がっている。

ニューヨーク大学でデジタルメディアとラーニングサイエンスの教授などを務めるヤン・プラス氏は、ChatGPTを初等・中等教育に今すぐ導入するのは時期尚早だとしながらも、「教育にとって脅威にはならない」と述べた。「うまく使えばクラス内の討論を助けたりする道具になる」と将来的な活用の可能性も示唆した。

米国では、実際にChatGPTを活用する教師も出てきている。

南部ケンタッキー州で小学5年生のクラスを担当するドニー・ピアシー氏（40）は昨年12月、ChatGPTを使った英語の授業を考案した。生徒が考えた物語のあらすじをChatGPTに打ち込み、演劇用の台本を生成するように指示。自分たちで編集を重ね、最後に発表するというものだ。「今までにないほど盛り上がった。普段は作文が苦手な生徒も積極的に参加していた」と手応えを語った。

ChatGPTのリリース当初は「AIが教師を代替する時代が来たと思い、最初は怖かった」（ピアシー氏）という。それでも「新しいテクノロジーが出てきた時、安全な使い方を子どもたちに教えるのも教師の役目だと思う」と話した。基本的な授業に新たな技術を取り入れることで、より効果的に生徒たちの学習意欲を高めることができると考えている。

日本経済新聞　2023年3月7日

も開発を」という見出しで、東京大学の松尾豊教授がきわめて興味深いコメントを発しています。

松尾教授は日本のＡＩ研究の第一人者で、自身の研究室から多くの起業家を輩出、日本ディープラーニング協会理事長を務めてます。例えば、パークシャテクノロジーという会社が生まれたり、岸田首相肝煎りのＡＩのチームの座長が彼なんです。

私はこの人の大胆な発言に非常に惹かれています。なにしろ「ＣｈａｔＧＰＴの登場により、米国のグーグルが主力とするインターネット検索事業が〝無価値〟になる可能性さえ生じている」と喝破するのですからね。

つまり、ＧＡＦＡなんて絶対超えられないだろうといった、これまでの常識が崩れる。いまこそが歴史的な転換期だと断言している。ネット初期のようにさまざまな分野に勝機が出てくるだろう。つまり、**我々日本勢にもチャンスのときが訪れている**と、松尾教授は確信しているのです。

そうすると、イメージとしては１９９０年代後半のＩＴバブルのちょっと手前あたりでしょうか。我々がインターネットの世界に魅了されるきっかけとなった、ヤフーＢＢなどが普及し始めたときと同じ感覚を再び獲得できるのだと、彼は示しているのだと思います。

具体的には、**「数百億円程度あれば、ＣｈａｔＧＰＴ相当のサービスをおそらくつくれる。この規模の投資で世界の先頭集団のすぐ後ろにつける機会はほとんどない」**とも語っていました。

実は松尾教授が世に送り出したパークシャテクノロジー社の社長がこんな解説をしていたのです。

「言語を使うＡＩは前から存在していた。ただ、ディープラーニングの研究開発ができるようになって、よーいドンしたのは、たしか２０１２年あたりなんです。世界のディープラーニングに対するスタートラインは一緒でした。

皆さんは知らないと思うけれど、ディープラーニング研究において日本はものすごく進んでいる。トップランナーと言っていい」

この話を聞かされた私は衝撃を受けたというか、鳥肌が立ちましたね。当時はディープラーニング分野ではＩＢＭのワトソンがいちばん進んでいるとする定説のようなものがあったけれど、同社長はこともなげに言いました。

「コールセンターなどのＡＩの受注、入札があるけれど、わが社は一度も負けたことなんかない。だって日本語ですよ」

もう相手にならないみたいなことを言うわけです。

正直、すごいなと思わざるを得なかったたですよね。

ここで１９９０年代後半に起きたドットコムバブルを振り返ってみたいのですが、ピークの5年後には大きな転換点を迎えました。インターネット関連企業が猫も杓子も全部登場し株式上場した後、ほとんどが消えてしまった。

それでは勝者はどこだったか。ご承知のとおりアマゾンでした。我々は、ネットが繁盛したからアマゾンが勝ったという〝構図〟をよくよく吟味して考察しなければなりません。

だからＡＩ転換期のいま、目先的には特に生成ＡＩというキーワードが物を言って、ひとまず生成ＡＩ企業であれば軒並み上場するような場面が来るのでしょう。でも、それは本物ではなくて、アマゾンの例を踏まえて、じゃあこれを使って何をするんだと考えたときに、意外に難しい。

もしかすると物凄くアナログなもの。例えばコールセンターとか、ヘルプデスクとか、そんなところがまったく業態が変わってしまうことにより、意外なことが起きる可能性があるなと、私は捉えています。

▼なぜ日本が半導体の生産拠点となったのか？

今井：実に興味深く、かつ心強いお話でしたね。次は半導体でしょうか。
渡部：日本が強いのは半導体もそうなんですけれど、**光と量子**なんです。この２つもキーワードで、とりわけ光については日本が断トツに強い。この強みを磨くと何が起

NTTとKDDI
「6G」光通信を共同開発
消費電力1/100に 30年メド

NTTとKDDIが次世代の光通信技術の研究開発で提携する。通信回線からサーバーや半導体の内部まで、光で信号を伝える超省エネの通信網の基盤技術を共同で開発する。情報流通の要であるデータセンター（DC）は全世界の消費電力の約1%を占め、今後も確実に急増する。両社は2024年中に基本的な技術を確立し、30年以降にDCを含む情報通信網の消費電力を100分の1に低減することを目指す。携帯電話の次世代規格「6G」で世界標準を狙う。

世界で通信網の消費電力が急増
（現状の機器を利用した場合）

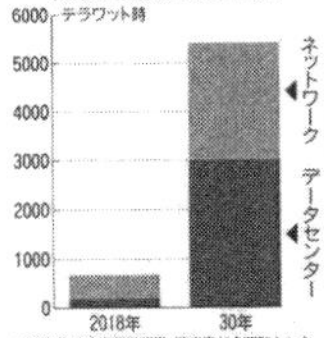

（出所）科学技術振興機構・低炭素社会戦略センター

両社は近く合意書を交わす。NTTが研究開発を進める独自の光技術を使った次世代通信基盤「IOWN（アイオン）」をベースに、エネルギー効率の高い通信インフラを共同で開発する。両社は国内で競合関係にあるが、次世代通信の開発で手を組むことで世界の通信会社や機器・半導体メーカーとの共同開発を推進する狙いもある。

インターネットのデータ流通量は急拡大している。国際エネルギー機関（IEA）によると、世界のDCの消費電力は21年に220テラ～320テラ（テラは1兆）ワット時で、消費電力全体の1%前後を占めた。

科学技術振興機構の試算では、世界の通信網の消費電力は30年には18年比で約5倍、DCは約15倍に急増する。合計で21年の世界の消費電力の約2割に相当する。

現在も光ケーブルを使った通信回線では光で信号を伝送している。だが、基地局の通信機器やDCのサーバーなどの内部は電気で信号を伝えている。光から電気に変換する際にエネルギー損失が発生し、消費電力が増大する要因になっている。

NTTは機器・サーバーなどの信号処理も全て光のまま実現する「光電融合」技術を開発している。消費電力を従来の100分の1に抑えられるとみている。

データの伝送効率も高く、光ファイバー1本当たりの伝送容量を125倍に伸ばせるほか、遅延時間を200分の1に抑えられるという。IOWN関連の研究開発や設備に22年度に総額670億円を投資している。一方、KDDIは国際通信に使う海底ケーブルの大容量化などで培った光伝送技術などを持つ。長距離の光伝送を効率よく実現できる。

IOWNは25年以降に順次商用化を目指しており、KDDIの伝送技術などを生かして開発スピードを上げる。

KDDIはNTTが20年に立ち上げたIOWNの技術仕様などを策定する国際団体にも参加する。既に米インテルやソニーグループといった国内外の100社以上の企業・団体が参加している。

両社が見据えるのは30年ごろに実用化が見込まれている6Gの通信網への活用だ。6Gは5Gの10倍以上の伝送速度を実現可能だ。国内の通信会社トップ2社が組んで技術的な課題を克服し、6Gの標準規格策定の議論でも主導権を握りたい考えだ。

技術の世界標準を目指した動きでは、1999年にNTTドコモが実用化したネット接続サービス「iモード」がある。海外の通信会社に次々と資本参加したが、独自仕様へのこだわりなどから世界には普及しなかった。NTTはその教訓から、IOWNでは実用化前から仲間づくりを急ぐ。

日本経済新聞　2023年3月2日

きるかが、**「『6G』光通信を共同開発」**（2023年3月2日・日本経済新聞）という記事に書かれています。

これはNTTとKDDIが6G、光通信を共同開発するというプロジェクトの内容です。**6Gになると何が凄いか。驚くなかれ、消費電力を現在の100分の1に低減できるのです。しかも、2030年にメドが立つとのこと。**

これが実現すると、いま脱炭素だの省エネだの騒いでいるけれど、もう全部解決しちゃう。そうなれば下手をすると、現在1日に1回のスマホの充電が100日に1回で済むことになる。それくらいインパクトのある変化が起きるのです。

ご存じのとおり、最新の半導体の生産には、結局、日本の先端半導体製造装置や部品なしにはどうしてもできません。お手上げなのです。4月2日（2023年）の日本経済新聞**「半導体装置輸出、対中4割」**の記事は、日本は中国に対して半導体装置の輸出規制をかけろと米国に脅された結果の対応について述べているのですが、ここでは米国側から何をブロックしろと命じられてきたかがズバリ書かれていました。

貿易管理対象となった主な装置を挙げましょう。基板表面にガスなどを当てて機能を持たせた膜をつくる「成膜装置」では**東京エレクトロン、KOKUSAI**

半導体装置輸出、対中4割

日本の貿易管理、十数社影響

曖昧な運用、懸念の声

日本政府による半導体製造装置の貿易管理規則が3月31日、明らかになった。成膜や洗浄工程に使う装置の先端品などが対象となり、東京エレクトロンやSCREENホールディングスなど十数社が影響を受ける見通しだ。輸出量の多い非先端品向けは対象外となったものの、中国は強く反発する。中国は日本の装置輸出先の4割を占める最大市場だ。貿易管理の範囲外のビジネスでも摩擦や萎縮が広がる可能性がある。

「どんな文言で規制がかかるかシミュレーションを尽くしてきたが、想定以上にわかりにくい」。大手製造装置メーカーの担当者は戸惑う。31日午前の省令改正案の公表を受け、担当部署で読み解きに着手したが、同日午後には「業績影響をはじくには数日はかかる」と判断した。

今回の貿易管理規則は、半導体製造で回路形成などを担う製造プロセスの「前工程」に必要な6種23品目を対象としている。友好国・地域を除く相手への輸出に経済産業相の許可を得る形式だ。

許可が必要となる対中輸出は日本にとって重要なビジネスなだけに、各社の担当者は対応に頭を悩ませる。

国際貿易センターによると、日本が2021年に中国本土に輸出した製造装置は約120億ドル(約1兆6000億円)で、世界全体への装置輸出額の4割近くを占め、地域別では最大だ。輸出額は米国による対中装置輸出の2倍近い。

管理品目にあげられた成膜装置で高い市場シェアを持つ東京エレクトロンは21年度の売上高のうち中国向けが26%だった。同じく管理規則に該当するとみられる「ArF液浸露光装置」を手掛けるニコンは、22年度に販売した5台のうち「少なくとも1台は中国向け」としている。

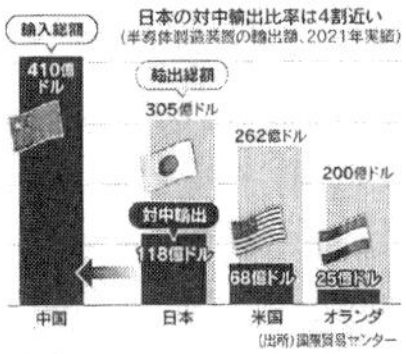

貿易管理対象になった主な装置

成膜装置	基板表面にガスなどをあて機能を持たせた膜を作る ・東京エレクトロン ・KOKUSAI ELECTRIC ・アルバック
露光装置	「回路図」を基板に転写する ・ニコン
エッチング装置	不要な薄膜を削る ・東京エレクトロン ・日立ハイテク
洗浄装置	不純物を薬液などで取り除く ・SCREENホールディングス ・東京エレクトロン

(注)メーカー名は先端品向けを作る主要企業。性能により製品が管理対象にならない場合もある

今回の管理規則は、対中製造装置輸出のボリュームゾーンである非先端品は対象にしていない。省令では装置ごとに技術的な要件が定められており、用途としては演算に使うロジック半導体で10～14ナノ(ナノは10億分の1)メートル以下の技術世代が目安になるという。

米は指定細かく

技術要件に該当する装置も許可を得られれば輸出は可能となる。超微細加工に用いる「EUV露光」関連の検査装置を手掛けるレーザーテックは「どのように運用されるか不透明な部分もある」とし、「関係省庁や業界団体などから情報収集をして対応していく」とする。

製造装置メーカーの懸念の種となりそうなのが、技術要件の示す「範囲」だ。ある成膜装置メーカーの関係者は「米国の規制に比べて曖昧だ」と指摘する。洗浄装置や成膜装置を規定する省令文は「非先端品まで該当するとも読める」。日本政府が「(貿易管理の)影響は限定的」と強調していることを踏まえ、運用面で先端向けのみにストップをかけると見る。

対照的に米国が22年10月に定めた対中輸出規制では、演算、メモリーといった用途ごとの技術世代など、制限する要件を細かく指定した。先端半導体を手掛ける工場については原則的に禁輸とし、米国籍技術者の引き揚げなども課す厳しい措置をとっている。

米国の規制で中国の先端投資は急速に鈍った。それだけに日本の輸出管理による「追加的な影響は少ない」(国内証券)との受け止めは多い。31日午前の公表後に一時急落した製造装置株も後場に戻し、各社の終値は東京エレクトロンが前日比0・1%高、SCREENホールディングスが1%高と前日並みの水準に落ち着いている。

精査は煩雑に

ただ、規則に残る曖昧さは対中ビジネスをしぼませかねない。英調査会社オムディアの南川明氏は「各社のモデルが異なり、装置が先端向けに使われているかどうかの精査は非常に煩雑な作業になるだろう」と指摘。「日本メーカーが萎縮し、自己判断でビジネスを諦めかねない」とする。

中国側は「世界の供給網の安定を破壊する行為」(中国外務省の毛寧副報道局長)と反発する。摩擦が強まれば、貿易管理の範囲外の非先端品ビジネスに逆風となる。

半導体業界団体のSEMIによると、24年の中国の前工程にむけた投資は160億ドル規模とされ、米国の規制で投資が鈍る中でも台湾や韓国に次ぐ市場を維持する見通し。対抗措置などに発展すれば、半導体の供給網全体に影響が広がりかねない。

管理規則は、パブリックコメントの募集を経て7月に実施される。メーカーからは「地政学的な事案・規制に関してコメントする立場にない」との声も上がるが、米国では政府に装置メーカーなどから細かな指摘や要望が寄せられた。

輸出管理に詳しい上野一英弁護士は「規制による損害を訴えなければ政府には伝わらない」と話す。想定しないビジネスの萎縮や、摩擦を生まないため透明性を担保するためにも、産業界と政府の率直な意見交換が求められる。

(江口良輔、松浦奈美)

日本経済新聞　2023年4月2日

ELECTRIC（旧日立国際）、**アルバック**。回路図を基板に転写する「露光装置」で**ニコン**。それから不要な薄膜を削る「エッチング装置」では**日立ハイテク、スクリーン**。

これらは本命中の本命なんです。そこに、あとは化学分野で**東京応化工業**。ここはかつて韓国向けに輸出をストップした薬剤のレジストを製造しているメーカーです。

▼日本が覇権を取れるとすれば「光通信」と「量子コンピュータ」

今井：これまでＡＩと半導体と光の話を伺ってきたのですが、新たな社会インフラとなると思われる量子コンピュータについてはいかがでしょうか。

渡部：量子コンピュータについてのキーパーソンは東京理科大学の若林秀樹教授です。もともとは野村総合研究所勤務で、産業エレクトロニクスのアナリストだった人物。日本の半導体再生戦略のエースとして半導体メーカーのラピダスなどの計画書、売上のシミュレーション作成などに携わったとされます。

その若林氏は、**「これからの日本は半導体分野で40年前と同様、世界で興隆をきわ**

めることになる。その先駆けとして登場するのが6Gで、この時点で日の丸半導体は世界を凌駕する存在となる」とほのめかしています。

繰り返しになりますが、世界でどうしてもつくれないのは光と量子コンピュータで、これだけは日本が圧倒的に進んでいるのです。したがって、もしかするとこれで日本は覇権を取れるかもしれない。

光と量子コンピュータについては結局、微細化とかそういうレベルを超越して、超微細というか量子まで突き抜けていく世界なのですね。そこまでいくと、やっぱり日本の強みが出るのではないかな、と。

今井：非常に希望を抱かされるお話です。

渡部：そうですね。彼は「米国内では光コンピュータをつくれるとは到底思えない」という物言いをしています。それを聞いて、銘柄として面白いなと思っているところがあります。まあ、私の隠し玉とでも言いましょうか。

後で解説するつもりですが、いまの日本は台湾海峡有事を想定する兵站の最前線となっており、情報についてもデータセンター化が急ピッチで進められています。そして情報を世界と繋げるには、日本は島国だから、全体の99％を海底光ファイバー（光通信）を使っている。

今後は当然、これを増強しなければなりません。増強にあたり、光伝送路の途中に配置され、減速する信号を増幅するための「光中継器」が不可欠となっています。これが実に複雑な構成となっているわけですが、その海底光通信用部品のリーディングカンパニーが**湖北工業**（証券コード6524）です。

海底光通信用部品のシェアは50％。主力部品には、光を一方向からのみ通し、逆方向からの光を遮断する機能を持つインライン型光アイソレータなど、この企業でないとできない部品が数多くあります。

もっと言うと、チップに足が3本生えているEV向けのリード端子のシェアは95％で、やはりここでしかつくれないそうです。

海底ケーブルの〝ハブ〟となっている日本

渡部：この光ファイバーについて調べたら非常に面白いのです。

日本にはすでに海底ケーブルが1870年代には存在していたことがわかっています。歴史を辿っていくと、まずは1851年に英国人ブレット兄弟により、ドーバー海峡に海底ケーブル（当時は銅線）が敷設されました。その後、英国主導で海底ケーブル網が世界に拡大していきます。

アジア方面にはデンマークの大北電信会社が強く、やがて清国時代の上海まで繋ぐプロジェクトが持ち上がったのですが、ユダヤ資本を嫌った清王朝から拒否されてしまいます。そこで一計を案じた大北電信会社側はロシアのウラジオストクから迂回先の長崎に繋ぎ、長崎から上海に繋いだのです。1871年のことでした。

そんな歴史を踏まえつつ現在の海底ケーブル図を眺めてみると、地政学的には当然ですが、日本が海底ケーブルの〝ハブ〟となっている現実が実感できます。それはこれまでとは別の日本の立ち位置で、ドでかい線が日本に入ってくる図は、中国には直接繋げないような意志すら垣間見えるのです。

今井：それを使って大容量の海底光ファイバーを敷設するわけですね。

渡部：光化は間違いなくなく迅速に進んでいき、先刻示した量子コンピュータと光コンピュータはさらに一段速くなっていく、と。そして消費電力も100分の1になる世界が実現すると、通信速度は大変なことになるのではないでしょうか。

今井：ところで、ハロゲン化鉛系ペロブスカイトを利用したペロブスカイト太陽電池はどうなるのか？　私はずっと期待し続けているのだけれど、駄目でしょうか？

渡部：いや、いいんじゃないですか。

今井：例えば、積水化学がNTTデータと組んで、フィルム型ペロブスカイト太陽電池を建物外壁に設置した実証実験を今年4月からスタートしています。あれが商品化したら、電力事情が一変しますよね。

渡部：変わります。先般新聞に出ていたのは、道路の舗装面を全部太陽光に変えられる技術が開発され、そのシステムの耐荷重性能試験を実施して成功したということでした。

それってすごいと思うのですが、私はいわゆる太陽光パネル自体はいずれ必ず問題になると考えています。砂漠みたいに何もないところにパネルを敷き詰めるのは全然問題ないですけれど、日本みたいに緑を全部削ってパネルを置くやり方は本末転倒でしょう。

無人アセットでの戦いを意識する防衛省

渡部：ここで改めて、なぜいま日本が世界から熱視線を浴びるのかを考えていくと、やはりいちばんは地政学上の問題でしょう。

おそらく先に今井先生が言われたとおり、ロシア・ウクライナ紛争はとりあえず終焉を迎える。それでは次に米国の軍産複合体が戦乱をどこで起こすかとなったときに、いよいよ台湾海峡がクローズアップされ、そこで儲けてやるかとディープステートなど支配層が動くのではないか、と。

ただ、戦争が起きるか起きないかは別として、すべてドローンが主役となって最前線で働く。ドローンで攻撃するわけです。

そのときに、ドローンの制御をするためには、当然ながら6Gが必要ですし、さらに言えば超高精度の通信で制御しなければならない。

だから、データセンターが絶対に必要なんです。だから、データセンターをつくる、倍増しなければならない。そのデータセンターに備わるスーパーコンピュータ向けの「2ナノ」半導体生産を始めるのがラピダスなんですね。

すべて流れが決まっており、わずかな時差もあってはならないので、兵站の最前線である日本に半導体生産の拠点を持ってくる。

それが米国側の考え方なのです。

今井：そのとおりですね。

渡部：西側諸国はいままで中国で生産していた半導体製品が手に入らなくなった。それならば、東南アジアで生産してもいいと考えた。しかし、最新鋭半導体生産に必要不可欠な部材と機械は日本にしかない。バリューチェーンの近いところでもやっぱり日本しかないのです。

これは兵站の最前線となった日本にすべての最先端の技術が集まってくるという構図になったからではないでしょうか。ここまで紹介してきた日本経済新聞の記事をつなげていくと、おそらくそうした構図が出来上がったのだと、私は見ています。

今井：渡部さんの言われたことと、先刻申し上げた、米国の中古の兵器の件がダブるんです。

渡部：そういうことですね。

今井：というのは、先般モスクワのクレムリンがドローン攻撃に晒されたでしょう。

現時点ではあの程度で収まったけれど、今後どんどん上がってくる性能を前提とすると、米国の原子力空母でさえドローンの餌食になってしまうかもしれません。原子力空母は米国の覇権そのものですから、どうしてもそれは防がなければなりません。

　私自身銘柄は知りませんが、そうした流れを変えるための、対ドローン兵器の開発を米国は必死に進めていると思う。私はそれはおそらく電磁波、あるいはレーザー光線を使うものと当たりをつけて、防衛省関係者にもずいぶん聞きました。兵器専門家やさらに上層部の人間にも聞きました。異口同音にそれはわからないと返されました。重大な機密なんでしょう。**もしその対ドローン兵器メーカーの銘柄が漏れ伝わってくれば、私は推奨したい。**

渡部：最新の「防衛3文書」を見ると、無人航空機（UAV）などを活用した無人アセット（装備品）を、人工知能（AI）などと組み合わせることで「部隊の構造や戦い方を根本的に一変させるゲームチェンジャーとなりえる」と位置づけ、「情報収集・警戒監視のみならず、戦闘支援等の幅広い任務に効果的に活用する」と展望しています。無人アセットで戦うんだぞ、次のルールはこれだとすでに明示されているわけです。

そうすると最前線では実は戦争は起きない可能性が出てくるんです。兵器メーカーは、戦火に巻き込まれかねない国の不安をとにかくかき立てて、とりあえず兵器をつくって売れればいい、と。そういう可能性も大いにあると思います。

今井：米国を支配しているのは軍産複合体にほかなりません。彼らは米軍が使用する兵器、武器を約10年周期で入れ替えています。その入れ替え時期に差し掛かると、世界のどこかで、米国から〝離れた〟地域で戦争が起きるわけです。

それが今回であると考えたら、今回の本命はさっき申し上げた対ドローン兵器になるでしょう。

すでに観光世界一の国になっている日本

渡部：ここからはこれまでとはまったく違う切り口で語るのですが、いま香港がインバウンド復活に必死で取り組んでいるようなのです。ある新聞記事でそのからくりを見て、なるほどなと納得しました。

その記事は2月16日（2023年）の日本経済新聞のもので、大見出しでは『観光香港復活へタッグ』と謳われていました。記事の内容は、かつて世界一を誇っていた訪問客数が民主化デモ弾圧とコロナで激減したのを受け、香港政府と民間が航空券の50万枚もの無料配布などの独自特典を提供して、巻き返しを図っているというものでした。

一方、日本のインバウンドはコロナ前はどうだったか。2月10日（2023年）の日本経済新聞の記事によると、2019年の訪日外国人数は3188万人でした。この数字をよく覚えておいてください。

香港政府によると、コロナ禍が本格化する前の2019年、香港への訪問者は5591万人。この時点で香港は訪問者数世界一の都市といわれたと記事にあります。しかし、そのうち中国本土外からの訪問客は全体の約2割だったのです。私が言わんとするところ、おわかりでしょうか、これ？

今井：中国国内からしか来ないというわけですか。

渡部：そういうことです。つまり、外国人訪問客は1100万人しかいなかったん

「観光香港」復活へタッグ

かつて訪問世界一、コロナで激減

政府 340億円拠出、無料航空券
企業 大型モール、金券配布も

かつて世界一の観光都市だった香港だが、デモによる混乱と新型コロナウイルス対策の影響で訪問客は激減した。危機感を持った香港政府は航空券の無料配布を柱とする総額340億円の大規模キャンペーンを2月から開始。これにあわせ商業施設も独自特典を提供する。香港観光の復活を目指し、官民がタッグを組み巻き返しを図る。

観光の定番だったビクトリア湾を行き交うスターフェリー（15日、香港）

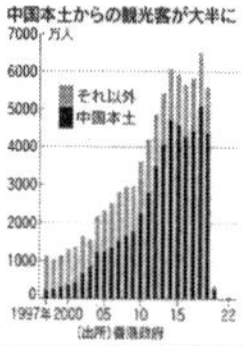

JTBも研修

15日、JTBの社員約30人が2022年に開館した香港故宮文化博物館に集まった。同社が3年ぶりに実施する社員研修の一環で、計250人が香港を訪れる。香港政府観光局が全面協力し、香港ディズニーランドやペニンシュラホテルを駆け足で回る。JTB香港の増本寿社長は「旅行販売の最前線に立つスタッフに香港を見てもらい、顧客提案につなげたい」と語る。

香港はコロナ前まで世界一の観光都市だった。英調査会社ユーロモニターによると、19年まで10年連続で「外国人の訪問客が世界で最も多い都市」に輝いた。

香港政府によるとコロナ禍が本格化する前の19年で5591万人が訪問。うち中国本土外からの訪問客は約2割で、居住地別では台湾（153万人）が最も多かった。次いで米国（110万人）、日本（107万人）、韓国（104万人）の順だった。香港は航空機でアクセスしやすく、英植民地時代の名残を残す独特の雰囲気が世界の旅行者をひき付けてきた。だが22年の訪問客は約60万人まで減少。19年比で実に99%減となった。

観光客の回復が遅れると香港経済にも打撃となる。米バンク・オブ・アメリカによると10～19年の香港の小売売上高のうち、観光客向けは3～4割。以前は投資家向け会議や大型商談会の開催も活発で、宿泊需要も旺盛だった。

厳しいコロナ対応が続き、観光都市としての香港の存在感は急速に薄れている。ユーロモニターがまとめた22年の世界の観光都市ランキングで香港は36位。アジアの主要都市ではシンガポール（15位）や東京（20位）などを下回った。ランキングは都市の観光インフラや観光政策・魅力度などを総合評価し算出した。

危機感を持った香港政府は2月から、中国本土を含めた全旅行者を対象にした総額20億香港ドル（約340億円）の大型観光キャンペーン「ハロー香港」を開始。目玉は香港までの片道航空券50万人分の無料配布で、食事や買い物に使える100香港ドル分のバウチャーも提供する。日本も対象で、無料航空券は5月の配布を予定している。

政府キャンペーンにあわせ、企業も独自の集客策を展開する。香港小売管理協会によると、2000以上の小売店が計1000万香港ドル以上の特典を用意した。不動産大手、新世界発展傘下の大型モール「K11MUSEA」では、パスポートの提示で2200香港ドル以上のバウチャーを配布する販促策を実施。春節（旧正月）の売上高は、前年比で50%増えたという。

増便計画相次ぐ

香港への送客も動き始めた。香港のキャセイパシフィック航空が、23年末までに旅客便の運航能力をコロナ前の7割まで戻す方針だ。日本便では香港の新しい航空会社、大湾区航空が1月から乗り入れを開始。キャセイや格安航空会社（LCC）香港エクスプレスは日本政府のコロナ規制で日本便を減便中だが、規制が緩和されれば増便する意向だ。旅行会社ではエイチ・アイ・エス（HIS）が2月出発分から、3年ぶりに香港行きツアー商品をそろえた。大型テーマパークを目的とした卒業旅行・家族連れの春休み旅行などの取り込みを狙う。

イベントも復活しつつある。野外フェスティバル「クロッケンフラップ」や美術見本市「アート・バーゼル香港」などが3月以降の開催を予定する。イベント開催を手掛ける香港会議展覧中心は「コロナ禍でシンガポールにシフトしていた展示会や見本市が香港に回帰する動きが出始めた」と明かす。観光客の継続的な回復を想定し、テーマパークの香港海洋公園（オーシャンパーク）は3500人の従業員採用に乗り出した。

香港ではコロナの感染拡大が本格化した20年以降、到着時に最長3週間の強制隔離や、複数回の検査などを約3年間実施してきた。往来に伴う規制が完全撤廃されたのは2月6日のことだ。

今後は観光客がどこまで回復するかが焦点となる。プライスウォーターハウスクーパース（PwC）は、香港の23年の訪問客は2000万人と、ピークの3分の1にとどまると予想する。

コロナ禍で高級ブランドが中国本土での店舗投資を進めたうえ、香港と中国本土との価格差が縮小傾向にあるとPwCは指摘。香港を訪れてブランド品を買い物する魅力は従来よりも薄れたとみる。実際に春節期間中の中国本土からの観光客はマカオの約26万人に対し、香港は約9万人にとどまった。

消費者の価値観も変わりつつある。ユーロモニターのアルーデンス・ライ氏は「コロナを経て旅行者は単なる買い物から、現地での体験を求めるように変わった」と話す。「東南アジアの都市は手ごろな価格で観光文化を体験できる」

政府や社会などあらゆる面で中国との一体化が進み「香港独特の自由な雰囲気が失われてしまった」との声も聞かれる。すでに外資系企業はアジア拠点を香港からシンガポールなどに移す動きが広がる。同様の動きが観光でも定着すると、都市としての香港の魅力はさらに低下してしまう。

香港ではツアー客の定番だった水上レストラン「珍宝王国（ジャンボ・キングダム）」が閉店した一方で、現代美術館「M＋」や香港故宮文化博物館などの観光スポットが生まれている。だが知名度はまだ低い。失われた観光客を呼び戻すには大型キャンペーンと並行して、香港の新しい魅力や文化を地道に発信する継続的な取り組みが求められている。

（香港＝木原雄士、東京＝佐伯太朗）

日本経済新聞　2023年2月16日

です。でも、2019年時点で、すでに日本のインバウンドはその3倍はいたんです。だから、**実態的には日本は観光において世界有数の国になってしまっている。それが今後はさらに増えて、2025年には2019年の倍増となると、国交省は予測しているのです。**

そこで国交省は**インバウンドの1人当たりの単価を上げよう**と意気込んでいます。数×単価が売上ですから、数も増えるし、単価も増える。どちらもいくというんです。25年の1人当たり消費額の目標は20万円とされています。

今井：少し補足させてください。

2019年の日本のインバウンド収入は4兆7000億円でした。これが2020、2021、2022年の前半くらいまでほぼゼロになってしまいました。それで収入が14兆円くらいマイナスになってしまった。だから、景気が悪いのは当たり前なのですね。

ところが、2023年前半からインバウンドが復活して、いまは物凄いことになっています。渡部さんが言われるとおり数も単価も絶好調で、とりわけ訪日客の消費額

訪日消費、1人20万円に

25年目標、国交省が計画素案

国土交通省は9日、新たな「観光立国推進基本計画」を議論する有識者会議で、2025年までにインバウンド（訪日外国人）の1人あたり消費額を20万円とする目標案を示した。新型コロナウイルス禍前の19年から4・1万円引き上げる。海外の富裕層を取り込み、滞在日数を延ばすなど観光政策の重点を「量」から「質」に転換する。

9日に提示したのは23～25年度までの計画素案で、インバウンド1人あたりの宿泊数を25年までに1・5泊（三大都市圏除く）と19年実績から1割増やす案を盛り込んだ。訪日客の総数は19年の3188万人を超える水準をめざすとした。1人あたりの消費額は19年に15・9万円で、25年までに約25%増を狙う。

2025年に向けた訪日観光の主な目標案

	19年	25年目標
1人あたり消費額	15.9万円	20万円
1人あたり宿泊数	1.35泊	1.5泊
訪日客数	3188万人	19年の水準超え
国際会議の開催件数	アジア2位	アジア最大
持続可能な観光に取り組む地域	12地域（22年実績）	100地域

日本の観光産業はコロナ禍前からインバウンドの1人あたり消費額が伸び悩んでいる。訪問先が有名観光地など一部地域に偏っているとも指摘されていた。政府は観光需要の本格回復を見込む25年に向けて課題を克服し、経済効果を高める道筋をえがく。

ビザ（査証）の緩和やキャッシュレス決済の普及に加え、日本観光の魅力を伝えるコンテンツの開発、プロモーションの支援を進める。地方への誘客には各地の歴史的な資源の活用や、農山漁村での滞在型商品の考案も想定する。

観光政策、量から質に転換

多様性や持続可能性に配慮した「サステナブル・ツーリズム」にも取り組む。欧米で重要なテーマとなっている。自然や文化の保全につながるコンテンツを提供するなどして、欧米を中心に富裕層へのアピールを強化する。

政府は1人あたりの消費額といった各種の目標をまとめた計画を整え、3月中の閣議決定をめざす。30年に訪日客6000万人という「量」の目標を堅持する一方で、観光庁の和田浩一長官は9日の会議で「質の向上をめざし、人数に依存しない目標を設定する」と説明した。

足元を見れば、課題は山積している。日本政府観光局によると、22年の年間訪日客数は約383万人で19年の12%の水準にとどまる。22年12月は20年2月以来の100万人超えと急回復しているものの、依存度の高かった中国人客の回復を見通せないでいる。

事業者の経営再生も急がれる。日本の観光・宿泊産業の労働生産性は低く、長引くコロナ禍での消費減で経営環境は厳しい。人手不足も深刻化している。先を見据えた目標設定だけでなく、産業基盤を支える実効性ある対策が必要になる。

日本経済新聞　2023年2月10日

はコロナ前と比べて1・4倍に達しており、国交省はにんまりといったところでしょう。この調子でいくと、2024年は大変なインバウンド景気が見込まれます。

インバウンド好調も含めて、外国人投資家は日本の景気の盛り上がりを先取りしてきています。2024年が日本株の上昇の本命だろうと、彼らはそれを見越していま買い増していると考えたほうがいい。

▼衝撃の2024年が待っている

渡部：**とにかく日本は2024年が資産倍増の初年度ですからね。**
ここまで話してきたように、資金シフトのレールが完全に敷かれているんですよ。お金持ちがますます儲かるという相場かもしれませんが、一般庶民にとっても正念場です。まあ大枠はそんなところですね。私個人としては、とんでもないことになるのではないかと思っています。
衝撃の2024年とでも名付けたいくらいです。
ここでちょっと小話的なことを申し上げましょうか。

少し前、久々に東京タワーに昇った私は驚きました。エレベーターに乗ったのはいいけれど、いつまで経っても横のビルを追い抜かないんです。隣に東京タワーを超える**麻布台ヒルズ**というビルが建っていて、250メーターまで上がっても、自分の目線より上にいるんです。

丸の内に東京トーチが建つまでは、ここが日本一の高さのビルだそうです。さらにびっくりしたのは、この麻布台ヒルズの55階以上がレジデンスであること。最上層の10階が住居ゾーンなのです。

ここからは私の妄想なのですが、日本人はそんなに高いところには住みません。高いのが好きな人種は、世界の指折りのお金持ちではないか、と。だって摩天楼だってどこだって、みんな彼らが独占していますから。これはあくまでも噂ベースですけれど、最上階のペントハウスはいくらくらいだと思いますか？

今井：100億円くらいでしょうか？

渡部：いい線ですね。300億円だそうです。噂ではそうなっています。さすがに日本人のバブル紳士たちの間でも、「ここは自分らが住むところじゃない」と言っているとか、言っていないとか。まあ、とにかく2024年の日本はとんでもないことになるのは請け合いです。

ニーズがあるのに宿がない日本

今井：そろそろ締めたいので、具体的な推奨銘柄を伺ってよろしいですか。

渡部：先刻ご紹介した湖北工業はど真ん中の直球としてお奨めです。

AI関連では、やっぱりいちばん最初に出てきたという意味でいくと、**パークシャテクノロジー**（証券コード3993）でしょうか。ここはすでに評価されているんですけれど、もう一度注目されるはずだと見ています。

半導体では、先刻申し上げた大所はほぼ間違いありません。あとはその関連の**東京応化工業**（証券コード4186）とか、**JSR**（証券コード4185・2023年6月26日に政府系ファンドの産業革新投資機構がTOBで買収すると発表）とか、その他の化学メーカーですね。それらはほぼ間違いないと思います。

あとは観光産業は難しくて、どこが羽ばたくのかなと考えているんですけど、私が注目しているのは、大分に本社がある**アメイズ**（証券コード6076）です。

もともとのビジネスモデルは、本当に人がいないところにホテルを建てていくというものです。九州を中心に。「なんでそんなところに建てるんですか？」と5～6年前に創業社長に聞いたら、こう返されました。

「日本はどんな田舎でも人の営みがある、営みがあるということは、道路もあるし、橋もあるし、それを補修しないといけないし、工事もある。しかし、工事で人が行くんだけれど、泊まる宿がない。だから、ニーズがあるのに宿がないから、そこへ出すんだという考え方をしている」

この創業者はかつてジョイフルというファミレスを展開していたのです。彼が亀の井旅館という大分の別府の老舗旅館を買い取って、そこからホテル事業を展開していったのがアメイズです。

当時は、もうすでにインバウンドがスタートしていたので、「当然インバウンドを狙ってですか？」と尋ねたら、先のとおり、答えは違ったわけです。「いや、まだまだ世の中には必要なものはたくさんある」と。しかしながら、これをインバウンド用に考えていくと、そういうところもいよいよ外国人が入り込んできますから、逆に面白いんじゃないかと思った次第です。

今井：坪単価の安いホテルでいいわけですよね。

渡部：そうです。なんでアメイズを買いだと思ったかというと、『ピーター・リンチの株で勝つ』（ダイヤモンド社）という本のなかに、ピーター・リンチが成功したというくつかの銘柄の事例を挙げているんです。そのなかでラキンタ・モーターインというホテルチェーンが出てきて、これがアメイズのビジネスモデルに酷似しているんです。

部屋のクオリティはホリデーイン並みだと。しかし、厨房とか宴会場は全部省いて、コストを抑えて、ホリデーインの30％オフで提供している。アメイズの創業者はこう言っていました。「うちには食堂はない。ただ、系列にファミレスのジョイフルがあるから、ここに朝食をアウトソースしている」。それを聞いて、これは完全に日本版ラキンタ・モーターインだと思ったんです。

今井：安くホテルを建てられていいんじゃないですか。

渡部：ニーズはありますしね。

日本株復活の〝象徴〟となるNTT株の25分割

渡部：どうですか。今井先生のほうの推奨銘柄は。

今井：本命は先ほど示した米国の対ドローン兵器メーカーです。これは置いておいて、PERが低くて増益率が高い銘柄を3つほど選びました。

第1位は**東急不動産ホールディングス**（証券コード3289）。これは同社が東急沿線に所有する土地の含み益が魅力と言いましょうか。対前年比増益率が二十数パーセントで、PERは7・8倍ですからね。

2番目は神戸製鋼所（証券コード5406）です。ここは24％増益で、PERは6倍と抜群に低い。

3番目は横浜ゴム（証券コード5101）で、これも30％増益、PERは8倍です。

渡部：私は誰にでも買えるという意味での本命はNTTで良いと思います。

先に言及した光の最先端技術にしても、NTTを超えるものは見当たりません。しかもそれが分割された。今回は25分割。まさに株式の大衆化を打ち出した先駆者の英断です。私は今回（2023年6月30日）の25分割が日本株復活の〝象徴〟となると思っています。

今井：私の推奨株も含めて、これらは長期投資していただきたいですね。総合商社株についても、やっぱりバフェット氏はいいところを見ていると思います。眼力が優れている。ただし、日本円を借りてそれで総合商社株を買ったのは卑怯というか、いただけませんがね。でも、世界とはそういうものです。

渡部：そうです。これから年末、来年にかけて徐々に円を買い、日本株を買うという流れに間違いなくなります。日本の個人投資家のみなさん、これからの日本株に期待していいです。

渡部清二（わたなべ・せいじ）

複眼経済塾代表取締役塾長
1967年富山生まれ。1990年筑波大学第三学群基礎工学類変換工学卒業後、野村證券入社。個人投資家向け資産コンサルティングに10年、機関投資家向け日本株セールスに12年携わる。2014年、四季リサーチ株式会社（投資助言業、金商第2803号）設立、代表取締役に就任。国内外の機関投資家への投資情報を提供。2016年に複眼経済塾株式会社を設立。代表取締役・塾長就任。

野村證券本店在籍時より、『会社四季報』を1ページ目から最後のページまで読む「四季報完全読破」を開始。2023年3集夏号で四季報読破26年目、103冊となった。テレビ・ラジオなどの投資番組に出演多数。

「会社四季報オンライン」でコラム「四季報読破邁進中」を連載。『インベスターZ』の作者、三田紀房氏の公式サイトでは「世界一『四季報』を愛する男」と紹介された。

おもな著書として『会社四季報の達人が教える10倍株・100倍株の探し方』（東洋経済新報社）、『四季報を100冊読んでわかった投資の極意』（ビジネス社）、さわかみ投信創業者・澤上篤人氏との共著『本物の長期投資でいこう！ 40年に一度の大チャンスがやってくる』（かや書房）、『「会社四季報」最強のウラ読み術』（フォレスト出版）など。

おわりに

最後の対談者・渡部清二さんにあやかって、日本経済新聞の記事を使い、本書の掉尾を飾りたいと思います。

２０２３年6月24日の同紙には、こんな見出しが立っていました。

「ＮＴＴ株、相続しやすく」

先にあったとおり、ＮＴＴは7月1日付で1株を25株に分割しました。

具体的には「最低投資額を従来の約40万円から1万円台に下げ、株主の若返りを狙う」というＮＴＴ首脳のコメントが載っていました。

続けて、「子どもがお年玉で買えるＮＴＴ株にしたい。投資に対するリテラシー教育があっていいと思う」とも。こうしたＮＴＴの本気度が日本の若い世代の株式投資を促すのではないでしょうか。

一方、６月30日にはＮＹ株式市場から、米アップルの株式時価総額が史上最高の３兆ドル（約４３０兆円）に達したという知らせが飛び込んできました。

これはトヨタの14倍相当にあたり、まったく圧倒的な額と驚嘆します。６月に拡張現実（ＡＲ）用のゴーグル型端末を発表、世界の話題をさらったのがものを言ったようです。

こうしたイノベイティブな製品を育むメーカーが株式時価総額を押し上げる株式市場の健康的な側面を見るにつけ、株もまんざらではないと改めて思いました。

最後までお付き合いいただき、ありがとうございました。

今井　澂

今井 澂（いまい・きよし）

国際エコノミスト。マネードクター。

1935年東京生まれ。浦和高校、慶應義塾大学経済学部卒業後、山一證券入社。山一證券経済研究所、山一投資顧問を経て、日本債券信用銀行顧問に転職。「証券から銀行へのめずらしい転職」として脚光を浴びると、英国との合併会社である日債銀ガートモア会長、日債銀投資顧問専務、慶應義塾大学商学部講師、白鷗大学経営学部教授などを歴任。証券と銀行の両業務を経験、一貫して「情報」と「市場の資産運用」をつなげる仕事に携わる。

また、世界で初のヘッジファンドについての書籍を執筆、日本で初めてヘッジファンドを買った人物としても知られる。

TBS「サンデーモーニング」、テレビ朝日「サンデープロジェクト」、テレビ東京「ワールドビジネスサテライト」などの番組で活躍、自身の名を冠した「今井澂の美女とヤジ馬」は好評を博し長寿番組に。現在も、講演を年間50回以上行うなど、活発に活動。公益財団法人年金シニアプラン総合研究機構理事、NPO法人金融知力普及協会理事を務める。著書は『経済大動乱下！定年後の生活を守る方法』（中経出版）、『日本株「超」強気論』（毎日新聞社）、『米中の新冷戦時代漁夫の利を得る日本株』『2020の危機勝つ株・負ける株』『2021コロナ危機にチャンスをつかむ日本株』『日経平均4万円時代　最強株に投資せよ！』『2022 日本のゆくえ』（フォレスト出版）など多数。

装幀　小口翔平＋畑中 茜（tobufune）

本文・DTP　土屋 光（Perfect Vacuum）

執筆協力　加藤 鉱

編集協力　塚越雅之（TIDY）

2024年 世界マネーの大転換

2023年9月7日　初版発行

著者　今井 澂

発行者　太田 宏

発行所　フォレスト出版株式会社

〒162-0824 東京都新宿区揚場町2-18 白宝ビル7F

電話　03-5229-5750（営業）　03-5229-5757（編集）

http://www.forestpub.co.jp

印刷・製本　日経印刷株式会社

ISBN978-4-86680-241-1　